CW01239020

**böhlau**Wien

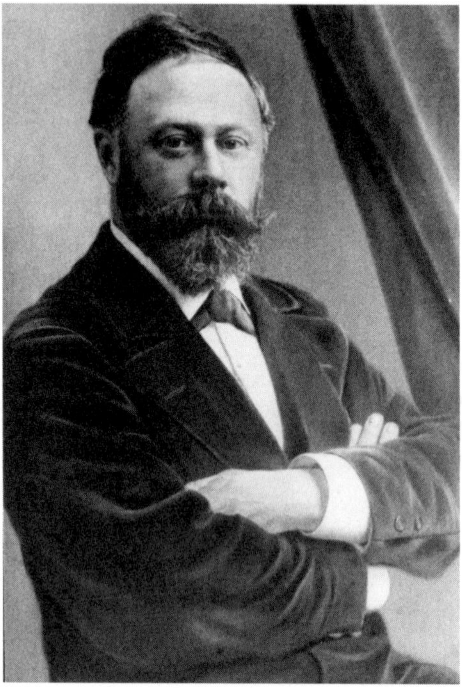

Peter Grunsky

# Richard Heuberger

Der Operettenprofessor

Böhlau Verlag Wien · Köln · Weimar

Gedruckt mit Unterstützung durch
die Steiermärkische Landesregierung – Kulturabteilung,
das Kulturamt der Stadt Graz,
Magistrat der Stadt Wien,
MA 7 – Kultur, Wissenschafts- und Forschungsförderung

Die Deutsche Bibliothek – CIP-Einheitsaufnahme
Ein Titeldatensatz für diese Publikation ist bei Der Deutschen Bibliothek erhältlich

ISBN 3-205-99328-4

Das Werk ist urheberrechtlich geschützt. Die dadurch begründeten Rechte,
insbesondere die der Übersetzung, des Nachdruckes, der Entnahme von
Abbildungen, der Funksendung, der Wiedergabe auf photomechanischem
oder ähnlichem Wege, der Wiedergabe im Internet und der Speicherung
in Datenverarbeitungsanlagen, bleiben, auch bei nur auszugsweiser Verwertung,
vorbehalten.

© 2002 by Böhlau Verlag Ges. m. b. H. und Co. KG, Wien · Köln · Weimar
http://www.boehlau.at

Gedruckt auf umweltfreundlichem, chlor- und säurefreiem Papier.

Druck: Berger, A-3580 Horn

# Inhalt

Vorwort .................................... 7
Kindheit und Jugend in Graz ...................... 9
Ingenieur oder Musiker? ........................ 17
Liebesbeziehungen, Ehen, Freundschaften ............. 26
Ein Grazer Komponist erobert Wien ................. 38
Im Bannkreis von Johannes Brahms ................. 51
Schriftsteller und gefürchteter Kritiker ................ 69
Heuberger und die Oper ........................ 83
Der Weg zur heiteren Muse ...................... 98
Im Zenit – „Der Opernball" ...................... 106
Die weiteren Operetten ......................... 131
Arbeit und Reisen mit dem
Wiener Männergesang-Verein ..................... 147
Letzte Werke, Lehrtätigkeit, Ausklang ................ 160
Leben und Werk Richard Heubergers ................ 177
Literatur und Quellen .......................... 181
Übersicht über die Werke Richard Heubergers ......... 187
Werke mit Opuszahlen .......................... 187
    Bühnenwerke .............................. 192
    Werke ohne Opuszahl, Bearbeitungen ........ 192
    Schriften ................................. 195
Bildnachweis ................................ 196
Namenregister ............................... 204

*Richard Heuberger*

# Vorwort

Bei der biographischen Betrachtung großer Musiker erscheint es uns heute unerlässlich, auch deren Umfeld genauer zu untersuchen. In diesem Rahmen rücken manche weniger bekannte Künstler in den Mittelpunkt musikwissenschaftlichen Interesses. Vom Licht der Großen angezogen und oft lebenslang in deren Bannkreis bleibend, stehen sie mit ihrem Wirken damit in einem größeren Zusammenhang und helfen so, das musikalische Bild einer ganzen Epoche mitzuprägen.

Die Brahms-Forschung wurde zum Beispiel durch die Tagebuchaufzeichnungen Richard Heubergers, die erst 1971 als „Erinnerungen an Johannes Brahms" von Kurt Hofmann herausgegeben wurden, wesentlich bereichert. Nicht jeder, der Heubergers Musik kennt, wird die Zugehörigkeit dieses Komponisten zum Kreis um Johannes Brahms kennen oder gar erwarten, denn berühmt wurde Richard Heuberger vor allem durch seine Operette „Der Opernball", und hier besonders durch den genialen Einfall der Melodie „Geh'n wir ins Chambre séparée …"

Doch dem Komponisten des „Opernball" genügte Popularität nicht. Richard Heuberger versuchte, die Kunstgattung Operette auf ein höheres Niveau zu rücken, sie aus den „Niederungen", in welche sie seit Johann Strauß Sohn abzugleiten drohte, wieder emporzuheben. Und so schuf er einen völlig neuen Operettentypus, dem leider jeder weitere Erfolg versagt blieb, da er von der einen Seite gering geschätzt, von der anderen miss- oder überhaupt nicht verstanden wurde.

Der Komponist und Mensch Richard Heuberger passt auch so gar nicht ins Klischeebild eines Operettenkomponisten. Schon allein die enorme Reichweite seines Betätigungsfeldes lässt dies nicht zu. Der Bogen seiner Werke spannt sich von Chorkompositionen, Liedern mit Klavier- oder Orchesterbegleitung über Kammermusik und Orchesterwerke sinfonischer Prägung bis hin zu Oper, Ballett und letztendlich zur Operette. Nebenbei schreibt er Musikfeuilletons und niveauvolle Kritiken in mehreren Zeitungen, Lehrwerke und musikwissenschaftliche Arbeiten. Zu erwähnen ist auch sein besonderer Einsatz als Chor- und Orchesterdirigent, als Lehrer am Konservatorium der Gesellschaft der Musikfreunde in Wien, als Ausschussmitglied und Präsident des Wiener Tonkünstler-Vereins und nicht zuletzt als Freund und Förderer vieler Musikerkollegen seiner Zeit. Dies zeugt von einer Leistungsfähigkeit und Vielseitigkeit, die zumindest unsere Neugierde und wissenschaftliches Interesse wecken sollten.

Dieses Buch stützt sich auf die umfangreiche musikwissenschaftliche Dissertation des Verfassers über Richard Heuberger. Schon viel früher schrieb Robert Hernried (1883–1951), ein Schüler und Freund des Komponisten, eine Biographie über Heuberger. Hernried verband damit in seinem Manuskript auch die Herausgabe der Brahms-Erinnerungen Heubergers und einen ausgewählten Briefwechsel mit Künstlern seiner Zeit.

Nur Heubergers Brahms-Erinnerungen wurden, wie schon erwähnt, unabhängig von Hernrieds Bemühungen, inzwischen von Kurt Hofmann mit großer Sorgfalt publiziert.

# Kindheit und Jugend in Graz

Richard Franz Josef Heuberger wird am 18. Juni 1850 um 8 Uhr 45 vormittags in Graz, Viertel Burg Nr. 57 (heute Ballhausgasse – Ecke Sporgasse) geboren und in der Dompfarre am gleichen Tag um 16 Uhr getauft.

Sein Vater ist der chirurgische Instrumentenmacher und geprüfte Bandagist Josef Christof Johann Heuberger (geboren am 19. 1. 1818 in Wien, gestorben am 8. 6. 1883 in Graz), der 1848 von Wien nach Graz kommt, wo er offenbar nur sehr schwer Fuß fassen kann. Am 24. 4. 1850 erlangt er das Bürgerrecht und arbeitet sich langsam zu bürgerlichem Wohlstand hoch.

Josef Heubergers Vater ist Schlosser wie alle seine direkten Vorfahren in Wien. Sein Urgroßvater Johann Christoph Heuberger stammt aus Durlach bei Karlsruhe. Seine Familie ist dort seit zwei Generationen nachweisbar und leitet sich von protestantischen Tirolern her. Diese Heuberger (Heyperger) lassen sich in der Salzstadt Hall in Tirol bis ins 14. Jahrhundert zurückverfolgen und gehören dort zu den Stadtpatrizierfamilien. Ihr Wappen ist noch im Haller Rathaussaal zu sehen. Johann Christoph Heuberger wird bei einem Aufenthalt in Rom katholisch, daraufhin von seinem Vater enterbt und wandert zurück nach Österreich, nach Wien.

Richard Heubergers Vater Josef wohnt laut Volkszählung des Jahres 1857 im Hause Viertel Landhaus Nr. 217, dem ehemaligen gräflichen Wagenperg'schen Haus, in dem 1797 Napoleon Bonaparte abgestiegen ist. Dort (heute Herrengasse 13) betreibt Josef Heuberger im 2. Stock seine Fabrikation von Bandagen und orthopädischen Instrumenten.

*Geschäftsanzeige des Vaters, „Grazer Tagespost", 28. 10. 1882*

Karoline, die Mutter Richard Heubergers, ist als Tochter des Wiener Handschuhfabrikanten Friedrich Richter und der Barbara Pet(t)er am 6. 5. 1825 in Wien geboren, stirbt aber bereits am 30. 3. 1853, ein Jahr nach der Geburt ihres zweiten Sohnes. Für die Betreuung und Erziehung der beiden Kinder, Richard und Ludwig, braucht der Vater weibliche Hilfe. Er selbst verehelicht sich kein zweites Mal.

Frau Grete von Hoernes-Schrom, die Tochter des Komponisten, erzählt über ihren Großvater (Tonbandaufzeichnung): *„… Er muss ein sehr netter Mensch gewesen sein. Es ist keine sehr leichte Aufgabe, die zwei Buben ohne Mutter zu erziehen; die Mutter ist gestorben, wie der Ludwig ganz klein war, ein Jahr oder weniger. Dann ist die so genannte Baronin ins Haus gekommen, ich hab' keine Ahnung, wie sie geheißen hat. Sie ist nur immer unter dem Namen*

*Josef Heuberger, der Vater des Komponisten, mit seinen Söhnen Richard und Ludwig, 1856*

‚Die Baronin' vorgekommen. Sie war die Tochter eines Offiziers, die, wie sich's eben in der Zeit gehört hat, nichts gelernt hatte und daher kein' Verdienst gehabt hat – und von der Luft hat sie nicht leben können –, und so ist sie als Haushälterin und Mutterersatz zu meinem Großvater gekommen ..."

Josef Heuberger versteht es offensichtlich sehr gut, seine beiden Söhne sowohl für die Technik als auch für die Kunst in all ihren Bereichen zu begeistern. Er selbst spielt Flöte und singt Bass im Grazer Männergesangverein. Daher stammt wahrscheinlich auch das große Interesse seines Sohnes am Chorgesang.

Beziehungen zu großen Musikern gab es in der Familie Heuberger schon vor Richard. Josef Heubergers Großonkel, Leopold

Heuberger, der zu Beginn des 19. Jahrhunderts als Medailleur berühmt war, hatte Beethoven porträtiert, seine Base Henriette war die Gattin von Andreas Schubert, dem Stiefbruder Franz Schuberts. Grundlegenden Musikunterricht genießt Richard Heuberger im damals sehr renommierten Musikinstitut Buwa in der Sporgasse, wenige Schritte von Heubergers Geburtshaus entfernt. Sein Hauptinstrument ist Klavier, auch wenn er etwas später Violine lernt wie sein Bruder Ludwig, welcher auf diesem Instrument eine beachtliche künstlerische Reife erlangt, sodass er in Grazer Konzerten mitwirken kann. Da Vater Heuberger selbst recht leidlich Flöte bläst, wird in der Familie Heuberger oft und eifrig Hausmusik betrieben.

In der Grazer Musikschule Buwa wirkt einer der bedeutendsten Musiklehrer der Steiermark, Dr. Wilhelm Mayer, mit dem Künstlernamen W. A. Remy. Er ist zuerst acht Jahre lang „artistischer Direktor" des Steiermärkischen Musikvereins, widmet sich dann aber der Lehrtätigkeit. Unter seinen Schülern gab es bekannte Musiker wie Wilhelm Kienzl, Felix Weingartner, Ferruccio Busoni, Emil Nikolaus von Reznicek.

Richard Heuberger erinnert sich sehr genau an seine Kindheit und erzählt davon in Feuilletons der „Grazer Tagespost" vom 18. 7. 1911 und 13. 6. 1912:

*„... Tiefen Eindruck machte mir – etwa zu Anfang der sechziger Jahre – die Ankündigung: ‚Eine Nähmaschine ist zu sehen.' In einem Laden eines Hauses der Schmiedgasse, an dessen Stelle jetzt das Sparkassengebäude steht, wurde eine ganz wirkliche Nähmaschine gezeigt. Und zwar gegen ein Entree von ein paar Kreuzern. Alle Welt lief in den bescheidenen Laden, das neueste Wunder der Technik anzustaunen ... Mein Vater, in vernünftigen Dingen ein entschiedener Fortschrittler, bestellte sogleich eine solche Nähmaschine. In unserer Wohnung war*

*eine der ersten in Graz überhaupt vorfindlichen Nähmaschinen in Betrieb."* (Tagespost, 13. 6. 1912)

*„... N e s t r o y, der berühmte Satiriker, verbrachte seine letzten Lebensjahre in Graz ... Der schlanke, große Mann war in Graz eine wohlbekannte Erscheinung. Mein Vater – ein Verehrer Nestroyschen Geistes – hatte mir ihn wiederholt gezeigt. Oftmals aber habe ich ihn von da an dadurch zu sehen bekommen, dass er gerade um dieselbe Stunde, als ich die Klavierstunde in der Schule Buwa (damals im ‚Eselstall' in der oberen Sporgasse) verließ und durch die Sporgasse nach Hause eilte ...*

*... Der berühmte Kupferstecher Johann P a s s i n i, der in seinen späteren Jahren als Professor für Zeichnen an der städtischen Oberrealschule in Graz wirkte, hieß allgemein der ‚alte Passini'. Wohl auch als Gegensatz zu seinem Sohne, dem inzwischen zum weltberühmten Aquarellisten gewordenen Meister desselben Namens. Bei diesem ‚alten Passini' lernte ich durch mehrere Jahre zeichnen. Als guter Bekannter meines Vaters hatte er sich fast freundschaftlich gegen mich gestellt, ein Verhältnis, dem ich manche wertvolle Anregung verdanke ...*

*... Von den literarischen Größen des alten Graz der fünfziger Jahre ragte vor allem Anastasius G r ü n hervor. Er war eben keine Lokalberühmtheit, sondern ein Schriftsteller von Weltruf, eine führende Persönlichkeit seiner Zeit. Ich sah den hohen, schlanken Mann mit den blitzenden Augengläsern oft und oft, wenn er mit seiner Frau, zuweilen auch mit seinem damals noch sehr jungen Söhnlein Spaziergänge machte ..."* (Tagespost, 18. 7. 1911)

Die ersten musikalischen Werke gelten dem häuslichen Musizieren. Er komponiert als Dreizehnjähriger „Un théme et variations brillantes pour pianoforte", ein für sich selbst geschriebenes Bravourstück für Klavier, als Fünfzehnjähriger eine Ouvertüre in C-Dur für Klavier, bearbeitet den Krönungsmarsch aus Meyerbeers

„Prophet" für Flöte und Klavier und schreibt im August 1865 drei Trios für Flöte, Violine und Klavier, von denen er das dritte seinem Bruder Ludwig widmet.

Angeregt wird der junge Komponist sicher durch die Grazer „Musikkränzchen", die der pensionierte Oberfinanzrat Franz Sailler um 1840 in Graz eingeführt hat. Sie halten sich bis zum Jahr 1874. Die Aufführungen des „Kränzchens" zeigen durchaus fortschrittlichen Charakter. Beethovens letzte Streichquartette waren ebenso auf dem Programm wie die neuesten Kompositionen von Schumann, Rubinstein, Goldmark und Brahms. Und hier treten führende Solisten auf, unter ihnen Clara Schumann.

Aber auch der Besuch von Theatervorstellungen beschäftigt den jungen Oberrealschüler außerordentlich. In seinen Tagebüchern findet man eine große Anzahl von Eintragungen, wobei sich zur Begeisterung bereits der Hang zur kritischen Stellungnahme gesellt. Andererseits fühlt er sich zum Entwurf eigener Bühnenwerke angeregt.

In dieser Zeit dringt Heubergers hellwacher Geist in alle Richtungen vor. Unermüdlich liest und liest er. Dichtungen aller Zeit fesseln ihn; er versenkt sich in historische Entwicklungen bis ins Altertum, schlägt sich mit Fragen der Religionen und Konfessionen herum und nimmt Anteil an allen geistigen und politischen Strömungen seiner Zeit.

Den Sechzehnjährigen beeindruckt eine Aufführung von Webers „Freischütz" so sehr, dass er in unbeholfener, doch technisch nicht ungeschickter Weise sofort den Partiturentwurf einer Oper „Parcival" beginnt. Die erste Aufführung von Wagners gleichnamiger Oper findet erst am 26. 7. 1882 statt!

Immer wieder berichtet er in seinen Tagebüchern über seine Arbeit:
„... *mathematisiert und komponiert.*"

*Tagebucheintragung des Fünfzehnjährigen, 1865*

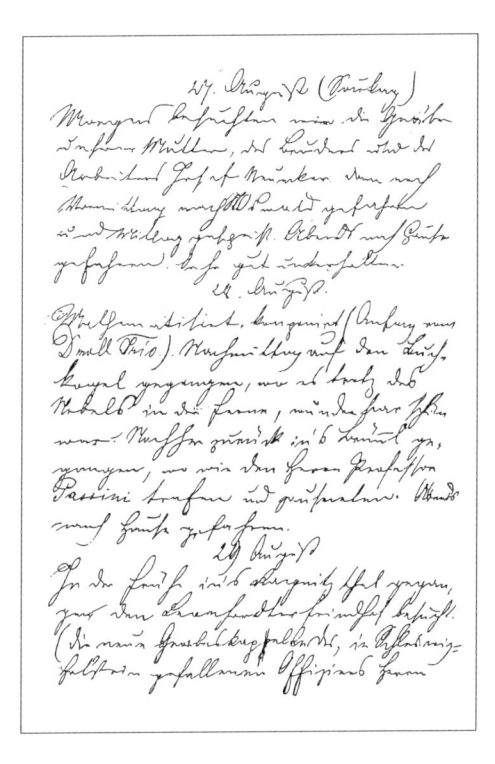

Diese Tagebücher, einige Briefe, ganz wenige Notenmanuskripte und vor allem die liebevoll geschriebenen Berichte seines Freundes und Schülers Robert Hernried sind die wenigen Quellen über die Kindheit und Jugend des Komponisten.

Im Besitz der Familie Heuberger befindet sich ein Notenheftchen mit einer Goldprägung auf dem Rücken: „Heuberger Compositionen". Es beinhaltet Autographe aus den Jahren 1867–1873 und gibt wertvolle Einblicke in die Jugendarbeiten des Komponisten. Die zwei ersten Lieder dieser Sammlung entstehen im November 1867 nach Gedichten von Heinrich Heine: „Ich hab' im Traum geweinet" und „Armesünderblume".

Es sind zwei ambitioniert gemachte Lieder mit einer an Schumanns „Dichterliebe" (op. 48, Lied Nr. 13, „Ich hab' im Traum geweinet") erinnernden Melodieführung und Diktion.

Doch vorerst ist die Musik nur liebste Nebenbeschäftigung. Denn mit 17 Jahren besteht Richard Heuberger die Reifeprüfung an der Oberrealschule und entscheidet sich für das Studium an der Technischen Hochschule in Graz.

*Lied des Siebzehnjährigen*

# Ingenieur oder Musiker?

Laut Hauptkatalog der Technischen Universität in Graz studiert Richard Heuberger dort in den Jahren 1867 bis 1873 und will sich für den Beruf eines Bauingenieurs vorbereiten. Mit Feuereifer teilt er nun seine Interessen zwischen dem Studium und seinen musikalischen Betätigungen, die bereits wieder eine Erweiterung erfahren: Er wird Chormeister des 1867 gegründeten „Techniker-Sängerchores", für den er natürlich eine Anzahl von Chören komponiert und aufführt.

Während seiner Studienzeit schreibt Heuberger einige Feuilletons für die „Grazer Tagespost", so zum Beispiel über die erste Grazer Aufführung von Wagners „Der Fliegende Holländer".

1871 muss Richard Heuberger seine Studien unterbrechen; er wird als „Einjährig-Freiwilliger" zum Militärdienst einberufen und dient im 7. Landwehr-Infanterie-Regiment des Freiherrn von Maroicic. Wie allen neuen Herausforderungen wendet sich Heuberger auch dieser voll und mit Eifer zu. Bald wird er Feldwebel und nimmt freiwillig an den anstrengenden Manövern in Tirol teil. Am 26. 7. 1871 schreibt er an Peter Rosegger (über dessen Freundschaft zu Heuberger bald die Rede sein wird):

*„… Dass ich mit großem Eifer Landsknecht bin, das können Sie daraus entnehmen, dass ich nicht die Zeit habe, mir Innsbruck ordentlich anzusehen und bisher nur die berühmtesten Denkwürdigkeiten flüchtig besehen habe; … Da wir schrecklich angestrengt sind, kann ich daher an keinerlei Unterhaltung denken. Desgleichen nicht an*

*Musik, die überhaupt mit der militärischen Erziehung – in welcher ich mich jetzt bis über die Ohren befinde – stets kollidiert …"*

Nach einjähriger Dienstpflicht wird er, nach Graz zurückgekehrt, zum Reserveleutnant befördert. Mit anderen Studentenkollegen und einem Professor der Technischen Hochschule fährt er 1872 mit einem Donaudampfer nach Südungarn zur Durchführung von Bauarbeiten an der Donau-Drau-Bahn. Durch streikende Bauarbeiter gerät die Gruppe wiederholt in Lebensgefahr und schläft nachts, mit Säbeln bewaffnet, unter dem Schutz von Panduren.

Im Herbst 1873 arbeitet Richard Heuberger als Hauptpraktikant (Ingenieur-Assistent) bei der Steiermärkischen Statthalterei (Straßen- und Wasserbau) am Bau der „Gisela-Bahn" in Lend im Pongau. In seinen Briefen an Frau Rosa Kosjek, von der noch ausführlich die Rede sein wird, schildert er seine Landschaftseindrücke und erwähnt andererseits, dass er sich mit seinen Kollegen ein Klavier gemietet habe, auf dem sie in ihrer Freizeit musizieren. Nach Abschluss seiner Studien an der Technischen Hochschule in Graz sucht Heuberger im Dezember 1874 um Aufnahme in den Staatsdienst an, worauf er auf Grund seiner Befähigung am 22. 12. 1874 zum „unentgeltlichen Baupraktikanten für den Staatsbaudienst" ernannt wird.

Am 1. 7. 1875 beginnt er laut Protokoll der k. u. k. Statthalterei in Graz mit der Ablegung seiner Diplomprüfung für den Staatsbaudienst. Er besteht sie aus drei Baufächern und praktischer Geometrie mit vorzüglichem Erfolg, zur Erlangung einer wirklichen Anstellung im Staatsbaudienst als „hervorragend befähigt" anerkannt.

Gleich im September desselben Jahres bewirbt sich Heuberger um eine Bauadjunktenstelle bei der Niederösterreichischen Statthalterei. Das Ansuchen wird zwar befürwortet, aber doch abgelehnt. Am 18. 4. 1876 sucht Heuberger nochmals um eine Bauadjunktenstelle an, diesmal im steirischen Staatsbaudienst. Er wird am 28. 5. 1876 durch Dekret zum Bauadjunkten der X. Verwendungsklasse ernannt und soll jährlich 500 Gulden beziehen.

Damit scheint also die Entscheidung gefallen zu sein. Heuberger wird Bauingenieur, seine musikalischen Tätigkeiten sollten nur Liebhaberei und Freizeitvergnügen bleiben.

Vielleicht wäre es tatsächlich so gekommen, gäbe es da nicht eine Entwicklung, die sich parallel zu seinem Studium und seiner Militärzeit mit Macht zu Wort und Ton meldet und ihre Rechte fordert.

Schlüsselfigur dieser Entwicklung ist sicher Rosa Dettelbach, später verheiratete Kosjek. Der junge Komponist und Student Richard Heuberger lernt sie bereits im Dezember 1868 anlässlich einer Vorlesung des Dichters Anastasius Grün über Lessings „Nathan" kennen. In seiner erwachenden Männlichkeit hat Heuberger gerade eine bewegte Zeit hinter sich. Seine ersten Liebeserlebnisse hatten ihn, wie er später in Briefen beichtet, eine wahre Berg- und Talbahn der Gefühle erleben lassen. Hals über Kopf verliebt er sich in die etwas ältere Rosa Dettelbach. Dieses Gefühl wandelt sich später zur lebenslangen Freundschaft, nachdem Heuberger sich damit abgefunden hat, dass Rosa seinen Freund Dr. Julius Kosjek heiratet, einen Grazer Rechtsanwalt. Ein reger Briefverkehr verbindet Richard Heuberger mit dieser Freundin bis ins Alter.

Frau Kosjek übernimmt sozusagen einige Mutterfunktionen, die der junge, mutterlos aufwachsende Student dankbar entgegennimmt. Nach romantisch-literarischem Vorbild und in jugendlichem Überschwang schreibt er anfangs seine Liebesbriefe an Rosa unter dem Pseudonym „Childe Armstrong", in dessen Schutz er seine Gefühle offener darzustellen wagt.

*Ingenieur oder Musiker?*

In diesen Briefen enthüllt der junge Komponist seine innersten Gefühle und Gedanken. Er erzählt aber auch – und für manches ist dies die einzige Quelle – über seine musikalischen Schöpfungen und über den inneren Zwiespalt, der zwischen seinem technischen Studium und dem Drang zur Musik entsteht.

Er gesteht seine Begeisterung für den Dichter Robert Hamerling, dessen Lyrik er zu vertonen beginnt. Rosa stellt ihn dem Dichter persönlich vor und er schreibt ihr daraufhin in einem Brief des Jahres 1869:

„… *Ich laufe an zwei Stunden lang wie toll herum vor Freude und hätte die ganze Welt umarmen können* …"

In dieser Zeit schwimmt Heuberger in einem Meer von Musik. Es grenzt ans Wunderbare, wie er nebenbei noch das Studium bewältigen kann. Er schreibt ein „Kyrie" für gemischten Chor, Orchester und Orgel, Lieder nach Texten von Byron, Rückert, Platen und Hamerling und vertont Goethes „Zigeunerlied" für Männerchor und Orchester. Man merkt Heubergers steigendes Interesse für Orchesterkompositionen: zu Platens Kantate „Christnacht" entsteht innerhalb von drei Tagen eine Orchester-Ouvertüre.

Gleichsam als Fingerübung schreibt der Achtzehnjährige eine flotte Polonaise für Orchester und einen gefühlvollen D-Dur-Walzer für Klavier. Die zweite Walzergruppe daraus verwendet er später in seinem Ballett „Die Lautenschlägerin". Die große Vielseitigkeit des Komponisten, die ihm in späteren Jahren zum Verhängnis werden sollte, deutet sich jetzt schon allein im musikalischen Bereich an. Heuberger komponiert alles: überschwängliche Sturm- und Drang-Lieder, Chöre mit und ohne Orchester, Kammermusik, in 14 Tagen eine Orchesterouvertüre und sogar Opernentwürfe nach Wagner'schem Vorbild.

Gemeinsam mit seinem Freund Peter Rosegger sammelt er steirische Volkslieder in Wort und Ton. Das Buch wird bei Breitkopf & Härtel gedruckt und erscheint unter dem Titel „Volkslieder aus Steiermark mit Melodie, gesammelt und bearbeitet von Peter Rosegger und Richard Heuberger" im Verlag von Gustav Heckenast, Pest, 1872. Die freundschaftliche Verbindung zwischen Rosegger und Heuberger ist durch die gemeinsame Liebe zum Volkslied gegeben und bleibt lebenslang bestehen.

Auf Veranlassung von Rosa Kosjek wird Heubergers Streichquartett in a-Moll (ein Werk, das bisher verschollen ist) am 4. 2. 1874 im Rahmen eines Conversationsabends der Grazer Ressource öffentlich aufgeführt. Diese Aufführung hat die eigentliche Entdeckung Heubergers als Komponist zur Folge. Adalbert Viktor Swoboda, der Chefredakteur der „Grazer Tagespost", der schon Jahre vorher Peter Rosegger „entdeckt" hatte, berichtet in seiner Zeitung über diesen Abend:

*„Der Conversationsabend in der Grazer Ressource, welcher gestern stattgefunden, bot in musikalischer Beziehung exquisite Genüsse. Aus einem Streichquartett von Haydn wurden zwei Sätze von den Herren Prager, Heuberger [Ludwig, der Bruder des Komponisten], Kortschak und Mödlinger gespielt, welche auch das Adagio und Scherzo aus einem Quartett von dem Grazer Ingenieur Richard Heuberger mit dem günstigsten Erfolge vortrugen. Besonders das Adagio ist eine wunderbar liebliche und herzpackende Composition. Eine innige Liebesstimmung ist's, die aus diesem edlen Tonpoem spricht, welches sich durchaus von der Schablone und von Reminiszenzen fernhält und die ungewöhnliche Begabung des jungen Komponisten in entschiedenster Weise beurkundet. Es sollte in diesem Adagio nach der Absicht des Componisten die Stimmung eines Gedichtes von Prutz anklingen, welches also beginnt: ‚Gieß Deine Seel' in meine Seele …' Wie un-*

*gleich mächtiger prägt sich der Grundton dieses glutvollen Gedichtes in Heubergers wirkungsreicher Composition aus! Auch das Scherzo ist ein frischer, ansprechender Satz aus R. Heubergers Quartett, welcher schon über hundert Lieder, Ouvertüren, Chöre etc. componirt hat und gleichwohl daran zweifeln soll, ob er zum Dienste der Tonmuse berufen sei. Sein Streichquartett bannt wohl jeden Zweifel daran, dass seine Begabung zur Composition, mit deren Gesetzen er von dem trefflichen Meister Dr. Wilhelm Mayer bekannt gemacht worden, eine hervorragende und unbestrittene ist …"* (Grazer Tagespost vom 5. 2. 1874 )

Als weitere kammermusikalische Arbeit entsteht ein Klavierquintett; es wird am 6. 5. 1877 im „Grazer Musikclub" durch die Initiative von Dr. Wilhelm Kienzl zur Uraufführung gebracht. Das Autograph dieses Werkes wurde übrigens erst kurz vor Beendigung meiner Dissertation über Richard Heuberger, Ende 1997, von Herrn Hans Ziegler von der Musikabteilung der Wiener Landesbibliothek im Nachlass Wilhelm Kienzls gefunden.

Gerade in diesen Jugendjahren des Komponisten wirken viele Einflüsse nicht nur prägend auf den Kompositionsstil Heubergers, sondern auch auf seine Einstellung gegenüber den großen Musikern seiner Zeit. Am 28. 2. 1875 hört der junge Komponist gemeinsam mit seinem Grazer Jugendfreund Wilhelm Kienzl, von dem noch oft die Rede sein wird, eine Aufführung des „Deutschen Requiems" von Johannes Brahms und einen Tag später ein Orchesterkonzert, welches Richard Wagner zugunsten der geplanten Festspielstiftung Bayreuth dirigierte. Es ist bezeichnend für Richard Heuberger, dass er in den Bannkreis von beiden großen Musikern gerät, obwohl sich in der musikpolitischen Welt um ihn herum extrem deutliche Lager und Abgrenzungen bilden. Wagners Vorbild durchdringt immer wieder seine Bühnenwerke und macht sich in der Diktion mancher Orchestersätze bemerkbar, durch welche jedoch auch zweifellos Brahms'scher Geist weht.

Aber auch andere Vorbilder legen Grundsteine in das Schaffen Heubergers: die „Fledermaus"-Aufführung des Grazer Landestheaters zum Beispiel oder die Aufführungen des Steiermärkischen Musikvereins mit einer Serenade seines Freundes Robert Fuchs. Für die Partitur der „Fledermaus" interessiert sich Heuberger immer wieder; es ist ja auch die „Fledermaus"-Nähe des „Opernball" kein Zufall. Und wenige Jahre später komponiert Heuberger eine „Nachtmusik" im Serenadenstil eines Robert Fuchs.

Obwohl sich Richard Heuberger mit Feuereifer auf die Staatsprüfung an der TH in Graz vorbereitet, beherrscht das Komponieren und Dirigieren weiterhin seine Freizeit. Er wird neben Leopold Wegschaider stellvertretender Chormeister des Grazer Singvereins.

Der wahrscheinlich entscheidende Wendepunkt für Heubergers Berufswahl und das auslösende Moment für seine Entscheidung, doch noch – im allerletzten Augenblick sozusagen – Musiker zu werden, ist der 70. Geburtstag des Dichters Anastasius Grün im April 1876. Hinter diesem Pseudonym verbirgt sich Anton Alexander Graf von Auersperg, 1806–1876, Mitglied des österreichischen Herrenhauses, welcher unter anderem Vormärzlyrik gegen das System Metternich und den Klerikalismus geschrieben hat.

In zwölf Tagen komponiert Heuberger für diese Geburtstagsfeierlichkeiten eine Festkantate nach einem Text von Friedrich Marx. Sie enthält nach einer Instrumentaleinleitung fünf große Chor- und Solosätze. Leopold Wegschaider, der Dirigent des Grazer Männergesangvereines und des Grazer Singvereins, instrumentiert sie in aller Eile nach Heubergers Skizzen und genauen Angaben. Der Erfolg dieser Kantate führt schließlich zum endgültigen Entschluss Heubergers, Berufsmusiker zu werden.

*Ingenieur oder Musiker?*

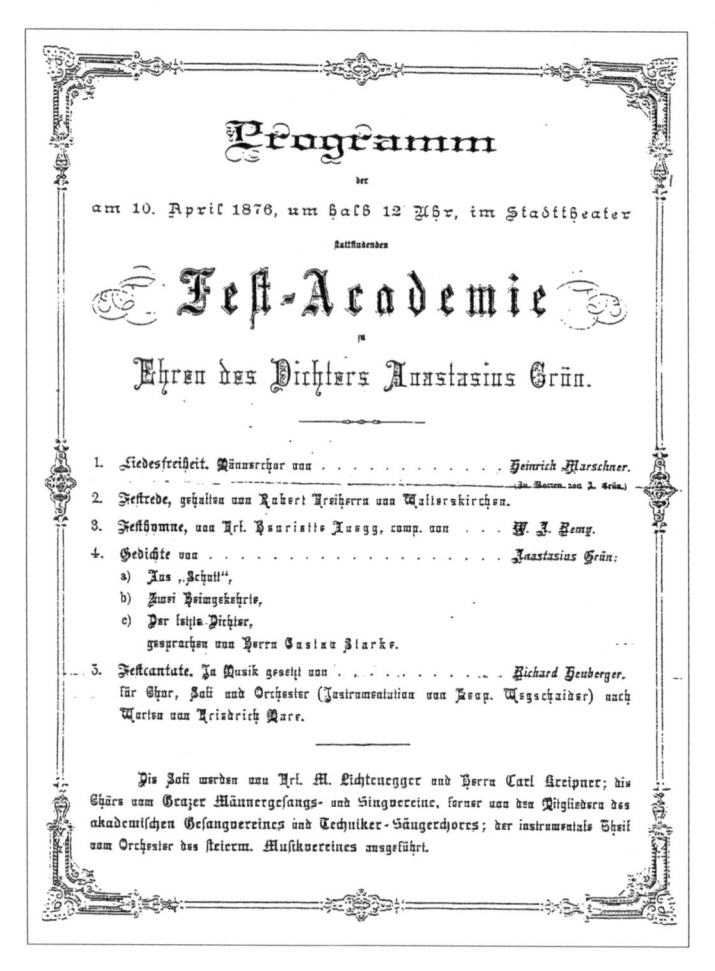

> **Programm**
> der
> am 10. April 1876, um halb 12 Uhr, im Stadttheater
> stattfindenden
>
> **Fest-Academie**
> zu
> **Ehren des Dichters Anastasius Grün.**
>
> 1. Liebesfreiheit. Männerchor von . . . . . . . . . . . . Heinrich Marschner.
>    (In Boeen von A. Grün.)
> 2. Festrede, gehalten von Robert Freiherrn von Walterskirchen.
> 3. Festhymne, von Frl. Henriette Jaegg, comp. von . . . W. F. Remy.
> 4. Gedichte von . . . . . . . . . . . . . . . . . . . . . . Anastasius Grün:
>    a) Aus „Schutt",
>    b) Zwei Heimgekehrte,
>    c) Der letzte Dichter,
>    gesprochen von Herrn Gustav Starke.
> 5. Festcantate. In Musik gesetzt von . . . . . . . . . . . Richard Heuberger.
>    für Chor, Soli und Orchester (Instrumentation von Leop. Wegschaider) nach
>    Worten von Friedrich Marx.
>
> Die Soli werden von Frl. M. Lichtenegger und Herrn Carl Kreipner; die
> Chöre vom Grazer Männergesangs- und Singvereine, ferner von den Mitgliedern des
> akademischen Gesangvereines und Techniker-Sängerchores; der instrumentale Theil
> vom Orchester des steierm. Musikvereines ausgeführt.

*Der Anlass, der Heuberger als Komponisten bekannt machte*

Laut Robert Hernried verwendet sich Josef Sucher, Korrepetitor an der Wiener Hofoper und Dirigent des Akademischen Gesangvereines in Wien, für die Berufung Heubergers nach Wien, als Chormeister in diesem Verein. Seine Gattin, die gefeierte Sängerin Rosa Hasselbeck-Sucher, singt Heubergers Lieder in ihren Konzerten, und auch der Politiker Dr. Viktor Adler setzt sich für den Komponisten ein.

Im April 1876 zieht Richard Heuberger nach Wien und wird am 8. 6. 1876 zum Chormeister des Wiener Akademischen Gesangvereines gewählt.

Erst nach dieser Berufung schickt er am 19. 6. 1876 sein Entlassungsgesuch als soeben ernannter Bauadjunkt an die Statthalterei der Steiermark. Trotz seiner ungeheuren Energie, mit der er sich in seine neue Tätigkeit stürzt, und trotz seiner Überzeugung vom künstlerischen Erfolg fällt ihm der Abschied vom Ingenieurfach nicht so leicht wie es scheint. Doch er bricht schließlich alle Brücken hinter sich ab. Musiker will er sein, nichts anderes.

# Liebesbeziehungen, Ehen, Freundschaften

Im vorigen Kapitel war die Rede von Richard Heubergers Briefwechsel mit Rosa Kosjek, geb. Dettelbach, aus dem wir Wesentliches über Heubergers frühe Jahre erfahren. Dabei wurde auch die Beziehung zwischen den beiden berührt, die in eine lebenslange Freundschaft mündete.

Frau Rosa Kosjek, geb. Dettelbach, schickt vor ihrem Tode die Briefe, die sie von Richard Heuberger erhalten hat, an dessen Witwe, Louise Heuberger. Diese bewahrt die Briefe sorgsam auf und gibt sie an Heubergers Kinder weiter, mit folgenden Zeilen:

*„Das sind Briefe aus unterschiedlichen Jahren an Frau Rosa Kosjek, geb. Dettelbach, eine gute Freundin von Papa. Frau Kosjek sandte mir die Briefe vor ihrem Tode, weil sie sie nicht vernichten wollte, da sie meinte, sie werden mich und die Familie interessieren, da viele aus Jugendjahren Papas stammen. Papa bewahrte Frau Kosjek bis zum Ende ein sehr freundliches Gedenken und hielt sie als Vertraute seiner Jugend sehr wert. Wohlgemerkt, es war keine Liebschaft, nur eine schwärmerische Verehrung zu einer etwas älteren Frau, die sie mit herzlicher Zuneigung erwiderte. So werden diese Briefe auch Euch interessieren, da sie so vieles aus Papas Jugend erzählen …"*

Diese Briefe sind wahrscheinlich die wichtigste Quelle über das Gefühls- und Privatleben des jugendlichen Komponisten. In ihnen erzählt er aber auch über seine musikalischen Schöpfungen und über den inneren Zwiespalt, der zwischen seinem technischen

Studium und dem Drang zur Musik entsteht. Wir erfahren über Heubergers Freundschaft mit seinem älteren Landsmann Robert Fuchs und über die kurze, aber heftige und schmerzhafte Liebe zu dessen Nichte, der Sängerin Maria Kisslinger.

Maria wird in mehreren Briefen Heubergers erwähnt, vor allem in der brieflichen „Generalbeichte" an Rosa Kosjek vom 19. 4. 1878 und im Brief vom 12. 11. 1877.

Außerdem gab es da auch eine Julia, deren Identität ungeklärt ist. Aber lassen wir den Komponisten selbst erzählen:

*„… Ich bin jetzt beim Militär eingerückt (Waffenübung) … mein letzter Brief wird Ihnen gezeigt haben, dass es in meinem Inneren garstig aussieht …"*

(Hier folgt eine Notenzeile mit dem Anfang von Schumanns Lied „Ein Jüngling liebt ein Mädchen, die hat einen Andern erwählt …" – aus „Dichterliebe" op. 48/XI)

*„infinitum. – infinitum. Ihnen will ich es sagen: Marie Kisslinger hat mir sehr weh getan …"* (Brief an Rosa Kosjek vom 30. 5. 1877)

*„… In Ihrem Brief kam eine Stelle von Julia vor. Wenn ich an Julia denke, so kommen mir fast jedesmal die Thränen in die Augen – denn kein Weib hat sich mir so auf Gnade und Ungnade ergeben und keine habe ich so rücksichtslos geliebt …*

*… eines aber rechtfertigt mich: dass wir die unglücklichsten Menschen geworden wären, hätte unser Verhältnis kein Ende gefunden. – ein Ende durch Maria K.* [handschriftlich von Rosa Kosjek ergänzt: Kisslinger] *jener Einzigen, die mich verlassen hat und der ich doch keine Untreue vorwerfen kann …"* (Brief an Rosa Kosjek vom 12. 11. 1877)

„… *Julia ist mir heute noch tief – sehr tief in meiner Seele … Ich muss aber eben wieder auf das zurückkommen, was ich oben besprach: das Geld! Ein Mädchen ganz ohne Geld <u>kann und will</u> ich nicht heirathen, außer ich würde innerhalb kurzer Zeit ein bedeutendes Einkommen aufzuweisen haben …*"

Im selben Brief kommt Heuberger nun auf Auguste Auge zu sprechen, seine spätere erste Frau, von der gleich die Rede sein wird:

„*… Betreffs Gusti habe ich nur zu gut eingesehen, wie richtig Sie mich und mein Verhältnis zu ihr beurtheilen …*
*Nach dem schweren Unglück mit Maria K., das mich gerade jetzt vor einem Jahr betraf, kam mir die Freundschaft der Gusti wirklich wie eine Labung und Tröstung, der Gedanke von ihr geschätzt zu sein wie ein neuer Angelpunkt in meinem haltlos gewordenen Leben vor …*
*… Meine Schuld daran ist minder groß, wenn man die Bedrängnis meiner Seele kannte, in die mich Marie K. gestürzt hatte, es war ein großes, großes Leid und ein um so größeres, da ich auch die gute G.* (= Gusti) *an den Nachwehen desselben leiden ließ. Ich werde G. dieser Tage schreiben, und alles darstellen, so wie es ist und glaube dadurch das zu sühnen, was zu sühnen überhaupt möglich ist …*
*… Ich habe vor allem mein Herz nie vergeben d. h. weggeworfen – Ich habe immer den Verkehr der werthvollsten Menschen gesucht und nie nach billigem Erfolg gehascht: so ist trotz mancher Zweifler, trotz mancher Irrfahrt mein Herz rein geblieben, – so rein wenigstens wie wenigen Menschen in meiner Lage – mit meinen Verführungen, meinem Temperament, – in der Großstadt es erhalten hätten …*" (Brief an Rosa Kosjek vom 19. bis 23. 4. 1878, die so genannte „Generalbeichte")

## Liebesbeziehungen, Ehen, Freundschaften

Richard Heuberger durchlebt in Wien eine schwere Zeit. Er kämpft nicht nur den Kampf um künstlerische Anerkennung, worüber die folgenden Kapitel berichten, auch seine Beziehungen zum anderen Geschlecht bringen Probleme. Nach der Enttäuschung mit Maria Kisslinger ist nun schon seit einiger Zeit Auguste Auge das Ziel seiner Wünsche, die Ziehtochter des Bürgermeisters von Graz, Dr. Wilhelm Kienzl (des Vaters von Heubergers treuem Freund, dem Komponisten Wilhelm Kienzl). Seine Neigung wird bald erwidert und der junge Komponist schwimmt wieder auf einer Welle hoher Gefühle, die sich in seinen Lied- und Chorkompositionen niederschlagen.

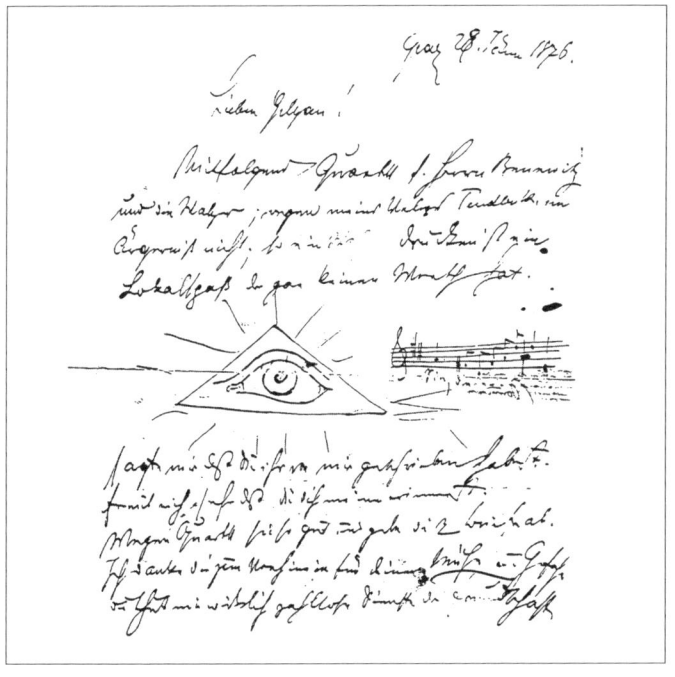

*Brief Heubergers an Freund Wilhelm Kienzl; dessen Ziehschwester Gusti Auge (Symbol) wird später Heubergers erste Frau*

Zum Weihnachtsfest des Jahres 1877 fährt Heuberger nach Graz zu Auguste Auge, muss aber starken Widerstand der Familie Kienzl gegen seine geplante Verbindung mit ihr erfahren. Besonders Augustes Ziehmutter, Frau Kienzl, hat Bedenken wegen Heubergers unsicherer finanzieller Lage.

Der Kampf um Auguste führt ihn zu einem Verzweiflungsentschluss: Obwohl er 1878 an einer Nierenentzündung leidet und sich deshalb längere Zeit im steirischen Kurort Radegund aufhält, will er trotzdem am Bosnien-Feldzug teilnehmen. Doch zu seinem Glück entscheidet die Krankheit. Wie alle Reserveoffiziere wird er bei der Mobilisierung zwar einberufen, nach acht Tagen aber als dienstuntauglich entlassen. Der Kamerad, der an seine Stelle tritt, überlebt den Feldzug nicht.

Also geht das Ringen um Gusti weiter. Wieder ist es Frau Rosa Kosjek, der Heuberger sein Herz ausschüttet:

*„… Frau Kienzl ist dennoch eine seelengute Frau, die ich wenigstens durch meine große Deutlichkeit und Energie dazu brachte, absolut aufrichtig zu sein.*
*Eine köstliche Frage richtete sie dieser Tage an mich: ‚Schließlich muss ich Sie noch fragen, ob Ihre pecuniären Verhältnisse wohl derartige sind, dass Sie sich aus eigenen Mitteln einen Hausstand gründen und erhalten könnten?'*
*Ich bin gar nicht aufgelegt, der Frau K. meine finanziellen Verhältnisse auseinanderzusetzen, und ich habe ihr diesen Punkt gar nicht beantwortet, obwohl ich mich derselben gar nicht zu schämen habe. Ich habe für mein Alter als Künstler ein gutes Einkommen und gänzlich geordnete Verhältnisse." (Brief vom 17. 2. 1879)*
*„… Frau K. hat sich so bewiesen wie ich sie erkannte: gut, hitzig, taktlos, dabei aber immer gut und ehrlich! Ich bin überzeugt, dass die Leute ihre praktischen (vor allem finanziellen) Nebengedanken ha-*

*ben; vor der Klarheit meiner Reden, vor der Logik meiner Beweise zerfließt aber all das Gewäsche in Nichts. Ich bin überzeugt, dass ich bei K. für einen Hauptegoisten, für einen eiskalten Rechenmeister und Pedanten gelten werde; Gusti soll das Gegentheil davon halten. Ich bin überzeugt, dass von der Stunde an, wo sich die Thür zum ersten mal hinter mir und Gusti schließen wird, Ruhe in mein gepeinigtes Herz einziehen wird, dass ich jener Freude theilhaftig werde, welche innerlich fühlenden Menschen nie versagt ist. Ich werde mich glücklich schätzen, den lieben Freund (G.) bei mir zu haben und hoffe sie wird auch darüber nicht böse sein.*
*Nun muss ich den K.s noch den Gedanken austreiben, dass ich erst in 1–2 Jahren heiraten soll; das ist ja eine Hauptmeinung: ich will's im September. Frau K. spricht immer von körperlicher Kräftigung usw. Ich werde auf derlei in keinem Falle eingehen. – Ich habe Frau K. schon so vieles ausgetrieben, wird auch das gehen."* (Brief vom 17. 3. 1879)

Die von Frau Kienzl angesprochene gesundheitliche Schwäche ihres Mündels erweist sich schließlich als ernste Lungenkrankheit. Heuberger weiß es sicher und wahrscheinlich auch Auguste. Dennoch findet bald die offizielle Verlobung statt.

Die Tochter Richard Heubergers aus zweiter Ehe, Frau Grete von Hoernes-Schrom, erzählt über die Verbindung ihres Vaters mit Auguste Auge Folgendes (sie sprach diesen Text auf Tonband als Vermächtnis für ihre Kinder):

„… *Bevor er meine Mutter geheiratet hat, war er ja schon einmal verheiratet. Die Frau hat Auguste Auge geheißen. Wie er sie geheiratet hat, war sie schon krank – sie war tuberkulös und sie haben gewusst, dass sie zirka ein Jahr zu leben hat. Papa hat mir gesagt, sie haben gefunden, ein Jahr ist besser als nix, und so haben sie geheiratet. Und sie waren zirka ein Jahr verheiratet, als sie gestorben ist …"*

Am 18. 7. 1880 werden Richard Heuberger und Auguste Auge in der Kirche zu Maria Grün bei Graz getraut. Die Flitterwochen verlebt das junge Paar in Bregenz am Bodensee. Mit seiner jungen Frau bezieht Heuberger eine Wohnung in der Igelgasse „auf der Wieden", dem Stadtteil, in dem auch Brahms wohnt.

Doch bald bricht Augustes Krankheit durch. Das Paar muss im Jänner 1881 nach Gries bei Bozen übersiedeln, um den Winter in wärmeren Gegenden zu verbringen. Richard pendelt zwischen Wien und Gries hin und her, um seinen beruflichen Verpflichtungen nachkommen zu können.

Was sich in den Wintermonaten angekündigt und schon längere Zeit wie ein drohender Schatten das junge Eheglück der Heubergers verdunkelt hat, tritt nun ein. Heubergers Frau Auguste stirbt in Vahrn bei Brixen am 11. 7. 1881 an ihrem Lungenleiden.

Doch Richard Heuberger ist durchaus nicht zum Einzelgänger geboren. Es ist wohl am besten, in diesem Zusammenhang einige Zeitsprünge vorwärts zu tun und seine zweite und dritte Frau kurz vorzustellen, die er beide in der Singakademie kennen gelernt hat.

Der Komponist verlobt sich bald wieder, und zwar mit Johanna Herr, einer jungen Lehrerin, der Tochter des Ministerialrats und Professors an der Technischen Hochschule in Wien, Dr. Josef Herr. Er liest Sphärische Astronomie, ist erster Rektor der TH in Wien und Direktor der Normal Eichungs-Kommission. Die Trauung findet am 9. 10. 1882 in der Pfarre Kalksburg statt. Johanna ist dem Komponisten dank ihrer hohen Bildung eine unermüdliche und verständnisvolle Hilfe bei vielen Arbeiten. So hilft sie ihrem Gatten beispielsweise bei der Herausgabe seines Schubert-Buches und bei der Redaktion des „Musikbuches aus Österreich". Über beides wird später noch genauer berichtet werden. Johanna wird auch ein erklärter Liebling von Johannes Brahms, der immer

*Liebesbeziehungen, Ehen, Freundschaften*

*Heubergers zweite Frau Johanna mit Sohn Richard*

*Die Kinder des Komponisten, Felix, Gretl und Richard*

wieder Grüße an sie ausrichten lässt und bei Einladungen großen Wert auf ihre Anwesenheit legt.

Johanna ist die Mutter aller Kinder Richard Heubergers. Der erste Sohn, geboren 1883, stirbt allerdings schon nach einer halben Stunde, wenige Monate, bevor Richard Heuberger auch seinen Vater verliert. Am 30. 3. 1884 wird ein zweiter Sohn geboren, der auf des Vaters Namen, Richard, getauft wird. Felix Heuberger erblickt am 7. 3. 1888 das Licht der Welt. Wolfgang (Wolferl), der nächste Sohn, ein technisch begabter, etwas verträumter Bub, stirbt elfjährig 1899. Auch der letzte Sohn, Hansl, stirbt früh, nämlich als Vierjähriger am 21. 4. 1900 an einer Blinddarmentzündung. (Diese Angabe stammt aus der Tonbandaufzeichnung der Tochter des Komponisten.)

Richard Heubergers Ehe mit Johanna ist besonders glücklich. Sie ist mehr Frau als Mutter. (So berichtet die Tochter, Frau Grete v. Hoernes-Schrom.) Ein besonderer Wunsch Johannas ist eine Tochter. Er geht am 21. 4. 1892 in Erfüllung. „Gretel" hat Mama vergöttert, und als diese stirbt, als Grete erst 12 Jahre alt ist, erlebt sie den Einzug der Tante Louise als Eingriff in ihre persönliche Freiheit.

Damit sind wir bei der dritten Frau Heubergers angelangt. Als Johanna am 30. 1. 1904 im Alter von 46 Jahren einer Gehirnhautentzündung erliegt, bittet der Komponist deren Schwester Louise Herr, die eng mit der Familie verbunden ist, den Haushalt und die Sorge um die Kinder zu übernehmen. In Louise findet Heuberger viele Eigenschaften wieder, die ihn an Johanna so beglückten. So wurde sie schließlich am 16. Juli 1905 seine dritte Gattin und zweite Mutter seiner Kinder.

Gretel erzählt darüber: „... *Meine Stiefmutter war eine sehr gescheite Frau. Richard hatte oft gesagt, dass er und Felix eigentlich mehr an ihr gehangen sind als an meiner eigentlichen Mutter. Das konnte ich nicht sagen, aber wir haben sie alle wahnsinnig gern gehabt. Sie war Lehrerin, war in gottverlassenen Schulen draußen in den äußersten Bezirken. Um endlich von dort wegzukommen, hat sie Prüfungen für die Bürgerschule gemacht und hat in einer Bürgerschule unterrichtet – im 1. Bezirk, wo ich sie gehabt hab. Da war sie nicht sehr lange, ist in Pension gegangen, weil sie geheiratet hat."*

Zeit seines Lebens fühlt sich Richard Heuberger eng mit seinem Jugendfreund Wilhelm Kienzl verbunden, dem Komponistenkollegen und Mitschüler bei Prof. Remy. Wie die rege und sehr persönliche Korrespondenz der beiden Künstler zeigt, hat Heuberger an Kienzl nicht nur einen der treuesten Freunde, sondern auch einen selbstlosen Bewunderer und wichtigen Helfer – besonders in Hinblick auf die Aufführungen von Heubergers Werken in Graz.

In seinem Buch „Meine Lebenswanderung – Erlebtes und Erschautes", Stuttgart 1896, legt Kienzl Zeugnis über seine Beziehung zu Heuberger ab.

*„… Seinen weitaus größten Erfolg errang Heuberger mit der pikanten Operette ‚Der Opernball', was bei beschränkten Leuten, die leider überall die Mehrheit bilden, ein Vorurteil gegen des Komponisten ernste Werke auf dem Gebiet des Symphonischen, der Chormusik und des Liedes hervorrief, sodass diese bedauerlicherweise unverdient in den Hintergrund gedrängt wurden …"*

Er erkundigt sich regelmäßig nach Heubergers Kompositionsarbeit und dieser schickt seinem Freund immer wieder Abschriften seiner neuesten Werke. Kienzl widmet Heuberger große Kapitel in seinen Schriften. Wie kein anderer ist er von der Qualität von Heubergers Kompositionen überzeugt. Er kritisiert auch schonungslos die Schwächen. Ebenso gibt Heuberger seinerseits seinem Freund öfters Ratschläge zu dessen kompositorischer Arbeit.

Der Nachlass von Wilhelm Kienzl liegt derzeit zur Bearbeitung in der Musikabteilung der Wiener Stadt- und Landesbibliothek. Man kann darauf für zukünftige Heuberger-Forschungen gespannt sein, da Heuberger ja Abschriften fast aller seiner (heute zum Teil unauffindbaren) früheren Werke an seinen Freund geschickt hat. Kienzl selbst hat alle Briefe seines Freundes gesammelt. Sie liegen in der Handschriftenabteilung der Wiener Landesbibliothek, die entsprechenden Gegenstücke, die Briefe Kienzls an Heuberger, sind im Besitz der Familie Heuberger.

Ein gutes Beispiel der „fachmännischen schriftlichen Unterhaltung" zwischen den beiden Komponisten finden wir in einem undatiert überlieferten Brief Heubergers an seinen Freund:

*„… Denke weniger an Melodien und Harmonien als an bestimmte, darzustellende, auszudrückende Empfindungen; was dem Maler und Bildhauer der Gegenstand seiner Darstellung ist, das ist bei dem Dichter die Idee, die Empfindung beim Musiker. Hat man die Stimmung, die Empfindung, so findet sich die richtige Melodie usw. von selbst, wie beim Dichter das Wort, wie Vers und Reim. Den Dingen, dem Wesen der Kunst auf den Urgrund zu kommen, dies ist die größte Aufgabe des Künstlers; mit Melodien spielt sich auch der Dilettant …"*

Aus diesem so offenen Briefen erfährt man viel über Heubergers kompositorische Entwicklung. Er beklagt sich zum Beispiel über den Verlust seines ersten Verlegers Kistner oder darüber, dass seine Werke so schlecht „gehen". Nach dem Misserfolg seiner „Cain"-Ouvertüre schwört er allem Pathetischen ab. Man kann in diesem

Briefwechsel sehr schön die Entwicklung des Komponisten zum Heiteren, zur leichten Diktion verfolgen. Am 19. 7. 1885 schreibt er bei der Fertigstellung seiner „leichten Duette" (op. 22, 28), er habe noch keine Note aus Geschäftsgeist geschrieben. Die „heiteren Sachen" wären für ihn auch gleichzeitig Studien für die komische Oper. Wie nahe ihm Kienzl stand, beweist Heuberger auch in einem Brief vom 21. 12. 1880 nach dem Tod seines Bruders Ludwig.

*„Lieber Gulian!*
*Ich habe eine Bitte an Dich! Wolltest Du mir eine Exemplar-Partitur Deines Märchens ‚Dornröschen' verehren? Es war dies die letzte Musik, die mein lieber Bruder gehört hat und die ihm Freude machte. Bitte Dich, vergiss ja nicht darauf – sags aber Niemandem. (Gusti natürlich ausgenommen).*
*Mama und Adolf danke für die liebe Widmung des Kranzes – wäre nur alles dies nicht nötig gewesen, wäre nur Ludwig am Leben. <u>Du</u> hast mir seine letzten Grüße gebracht. Lebe wohl, mein lieber treuer Gulian.*
*Grüße Gusti, Mama, Adolf.*
*Dein Richard"*

# Ein Grazer Komponist erobert Wien

Wie viele Komponisten vor und nach ihm ist auch Richard Heuberger von der anregenden künstlerischen Atmosphäre Wiens begeistert. Er verkehrt viel mit dem Freundeskreis um Robert Fuchs, den Komponisten und Lehrer am Konservatorium der Gesellschaft der Musikfreunde, und er wird schnell in die musikalischen Kreise der Hauptstadt eingeführt. Dabei tragen ihn besonders die Erwartungen, die man in ihn als Komponisten setzt.

Fassen wir zusammen, was Richard Heuberger als Komponist bis jetzt vorzuweisen hat, und werfen wir einen Blick auf seine geplanten Kompositionen.

Sieht man von seinen meist fragmentarisch oder überhaupt nicht realisierten musikalischen Jugendplänen ab, so bleibt immerhin ein recht umfangreiches Bändchen mit Liedern, Walzern und Chören (die Autographe befinden sich im Besitz der Familie Heuberger), außerdem ein Streichquartett in a-Moll, ein Klavierquintett, Teile eines Streichquintetts, Orchesterouvertüren und die bereits erwähnte Kantate für Anastasius Grün. Eine hilfreiche Quelle bietet hier Heubergers eigenhändig geführtes „Compositionsregister". Darin vermerkt er auch seine Übersiedlung nach Wien. Mit den Wiener Jahren Heubergers beginnt dann eigentlich erst die „Vermarktung" des Komponisten, die Nummerierung seiner Werke mit Opuszahlen und ihre Veröffentlichung. Zuerst erscheinen seine Chöre und Lieder, später auch einige Orchesterwerke beim Verleger Buchholz und Diebel.

Wie man einem Briefwechsel mit dem deutschen Dichter Julius Wolff (1834–1910) entnehmen kann, arbeitet Heuberger in seinen ersten Wiener Jahren unter anderem auch an einer Oper „Hunold Singuff" nach Wolffs „Der Rattenfänger von Hameln". Es sollte eine heitere Spieloper werden. Heuberger bricht die Arbeit ab, weil der Komponist Viktor E. Nessler eine Oper aus dem gleichen Stoffkreis komponiert und sie 1879 auch tatsächlich auf die Bühne bringt. Heubergers op. 2, das „Lied fahrender Schüler" aus Wolffs „Rattenfänger von Hameln", komponiert für Männerchor und Orchester, dürfte ein Relikt aus dieser Zeit sein.

Die ersten Erfolge als Chormeister und künstlerischer Leiter des Wiener „Akademischen Gesangvereins" lassen nicht lange auf sich warten. Angelika Möser berichtet in ihrer Arbeit über Richard Heubergers Wirken im Akademischen Gesangverein vom durchaus guten Echo, das der neue Dirigent in der Presse findet:

*„… Die glückliche Wahl, die der Verein mit dieser Entscheidung getroffen hatte, bestätigte sich kurz darauf beim ersten öffentlichen Auftritt des neuen Chormeisters anlässlich der traditionellen Sommerliedertafel am 3. 7. 1876 im Volksgarten."*

Die „Deutsche Zeitung" schreibt dazu: *„… gesungen wurde unter Heubergers energischer Direktion mit einer Sicherheit und Kunstfertigkeit …*
*… eine Novität, das von Heuberger komponierte ‚Lied fahrender Schüler' aus Julius Wolffs ‚Rattenfänger von Hameln'. Die frische, durch und durch originelle Komposition lässt uns von dem jungen Neffen Schuberts noch viel Schönes hoffen; der Beifall war stürmisch und die Wiederholung des Chores wurde auch durchgesetzt …*
*… Ernst Hufnagel, der gefeierte Tenor – Solist des Konzertes, war zu dieser Zeit auch Archivar des Akademischen Gesangvereins. Auf der*

*Aus Heubergers Kompositionsverzeichnis ab 1875*

*Aus Heubergers Kompositionsverzeichnis ab 1875*

*Partitur eines Chores von Franz Lachner, der ebenfalls bei diesem Konzert aufgeführt wurde, findet sich auch ein mit Bleistift oberhalb der Notenzeile geschriebener scherzhafter Text, der auf Heubergers neuestes Werk Bezug nimmt. Er lautet folgendermaßen: „Lied fahrender Schüler für Männerchor, für Männerchor und großes Orchester componirt von Richard Heu-, ein Manuscript, ein Manuscript und neu von Richard Heu-, ganz neu, ein Manuscript ganz neu von Richard Heu-ber-ger."*

Das war der Beginn der für beide Seiten sehr erfreulichen Zusammenarbeit zwischen Richard Heuberger und dem „Akademischen Gesangverein". Der Komponist spart auch nicht mit neuen Kompositionen für seine Sängerschar.

Die Jahre der Verlobung und Ehe mit Auguste sowie die Zeit seiner künstlerischen Tätigkeit in Wien erweisen sich als äußerst fruchtbar für Heubergers Kompositionen. Den Ertrag dieser Arbeit, der sogleich im Detail betrachtet werden soll, erntet der Komponist am 21. 1. 1877 in seinem ersten Kompositionskonzert im „Kleinen Musikvereinssaal" (Brahmssaal). Aufgeführt werden u. a. das g-Moll-Klavierquintett, die Lieder op. 5, die Frauenchöre op. 4, das „Lied fahrender Schüler", op. 2, zwei gemischte Chöre und eine e-Moll-Polonaise für Klavier zu vier Händen.

Von Julius Wolff, dem bereits erwähnten Textdichter von Heubergers op. 2, „Lied fahrender Schüler", stammen auch die Texte zu Heubergers Liedern op. 5, welche teilweise Schubert'sche Züge besitzen, aber andererseits in ihrer Leidenschaft bereits das Liedschaffen eines Richard Strauss vorausahnen lassen. Die Frauenchöre, op. 4, „Herbstlied", „Um Mitternacht" und „Neuer Frühling" finden sogar die Anerkennung von Franz Liszt, an den die Verleger Buchholz & Diebel sie sandten. Liszt empfiehlt sie sofort zur Aufführung in Budapest; kurz danach erklingen sie auch in Leipzig.

In den folgenden Jahren muss sich jedoch Heuberger immer öfter von seinem Stellvertreter, Hanns Treidler, bei den Konzerten ersetzen lassen, da er als Reserveoffizier einrücken muss und ab dem Vereinsjahr 1878/79 zusätzlich eine Dirigentenstelle bei der Wiener Singakademie übernimmt. In dieser Zeit kümmert sich vor allem Rudolf Weinwurm um die Leitung des „Akademischen". Die Verstimmungen, die sich daraus in logischer Folge ergeben, führen schließlich zur Aufgabe der Chormeisterstelle beim „Akademischen Gesangverein".

Es sollte nicht das letzte Mal sein, dass die Vielfalt der Aufgaben, in die sich Heuberger stürzt, Zeitkonflikte auslöst und schließlich Schwierigkeiten mit sich bringt. Interessant und nicht untypisch ist da eine Tagebucheintragung des Komponisten vom Februar 1880:

*„Etwa am 23. Februar war ich vormittags bei Brahms, da ich ein paar Tage vorher seine Karte an meiner Tür fand, das zeigte mir, dass er was wolle. Ich ging hin, und er erkundigte sich angelegentlich um meine Verhältnisse zum akadem. Gesangsverein und sagte mir direkt, ich möge darüber mit Hanslick sprechen, der sich sehr für diese Angelegenheit interessiere. Er war sehr lieb und setzte voraus, dass die Akademiker wohl wieder kommen müssten! – Er meinte, dass das Institut durch jeden andern nur verlieren könne. – Ich schrieb bald darauf wirklich an Hanslick, der mich sehr freundlich empfing und sein Befremden darüber aussprach, dass man Weinwurm – die Perle der Talentlosigkeit – jetzt so protegiere; er war sehr aufmerksam und interessierte sich detailliert für die Angelegenheit. – Das Wohlwollen dieser beiden Männer ist mir mehr wert, als alles Gekläff aufzuwiegen vermag. – Ein Paar Tage darauf wurde eine Deputation des Akadem. Gesangsvereins bei Hanslick nicht vorgelassen, der Akademische Gesangverein in einer Rezension etwas hergenommen und auf mich in hervorragender Weise verwiesen. Öffentliche Genugthuung!"*

*Titelseite op. 6, 1878*

Am 23. 10. 1878 schreibt Heuberger seinem Freund Kienzl: „*Ich bin jetzt definitiv Director der Singacademie.*" Und im Jahresbericht des XXI. Vereinsjahres (1. 10. 1878–30. 9. 1879) dieses Vereines kann man lesen:

*Op. 6, Anfänge der ersten Chorlieder*

„Die mit Herrn Rich. Heuberger, Chormeister des akadem. Gesangvereins, einem jungen strebsamen Tondichter von bereits wohlbegründetem Rufe, angebahnten Unterhandlungen wegen Übernahme der Stelle unseres artistischen Directors führten gleichfalls zu günstigem

*Resultate. Durch seine Stellung war Herr Heuberger zugleich in der Lage, dem Vereine für die Fälle nothwendiger Verstärkung des Männerchores die Betheiligung von Mitgliedern des akad. Gesangvereines in bestimmte Aussicht zu stellen … "*

Gleich im ersten Konzert als artistischer Leiter der Wiener Singakademie, am 12. 1. 1879, stellt Heuberger sein „Liebesspiel", op. 6, für Soli, gemischten Chor und Klavier mit großem Erfolg vor. Diese erfolgreiche Zusammenarbeit mit der Singakademie muss wegen der Erkrankung seiner Frau zuerst eingeschränkt und schließlich beendet werden, da der Komponist mit Auguste in den wärmeren Süden zieht. Er schreibt am 11. 5. 1881 einen langen Brief aus Gries bei Bozen an die

*„Löbliche Vereinsleitung:*
*Mein auf drei Jahre lautender Contract mit der ‚Wiener Singacademie' ist nunmehr bald abgelaufen und ich beeile mich daher zur Kenntnis der Vereinsleitung zu bringen, dass ich im nächsten Winter – den ich in wärmeren Ländern zu verbringen gedenke – nicht im Stande sein werde, den Verein zu leiten, welchen Umstand ich rechtzeitig melden wollte, um der löbl. Vereinsleitung möglich zu machen, die Wahl einer geeigneten Persönlichkeit für die Stelle eines artistischen Directors von langer Hand vorbereiten zu können … "*

Eine wohlwollende Beschreibung der Kompositionen Heubergers bis ungefähr zum Jahre 1886 finden wir in Wilhelm Kienzls Buch „Miscellen", 1886, Seite 255 ff.

Opus 3 ist ein „Handwerksburschenlied" für Männerchor mit Klavierbegleitung, op. 6 ein Chorzyklus „Liebesspiel" in Walzerform für gemischten Chor und Klavier. In diesen Chören spürt man sehr deutlich Heubergers Begabung für die heitere Muse und seine virtuose Chorsatztechnik.

Vom Inhaltlichen her dürften dabei wohl die Brahms'schen „Liebeslieder-Walzer" op. 52, komponiert 1869, ein starker Anreiz gewesen sein, jedoch zeigt Heubergers „Liebesspiel" eine völlig eigenständige musikalische Behandlung. Die weitaus größere Ähnlichkeit mit der Brahms'schen Vorlage finden wir erst bei Heubergers „Liederreigen" op. 17.

Es folgen vier Männerchöre, op. 8, fünf Lieder, op. 9, zwei Männerchöre, op. 10. Die drei Lieder aus dem „Spanischen Liederbuch" (übersetzt von Paul Heyse und E. Geibel), op. 12, widmet er seiner lieben Braut; sie erscheinen bei Kistner (Leipzig) zu Weihnachten 1879. Auch op. 13 und 15 enthalten Gesänge mit Klavierbegleitung, und op. 14 ist ein einfacher volksliedhafter Satz für gemischten Chor a cappella.

Die „Variationen über ein Thema von Schubert" für Orchester, op. 11, unterbrechen die Reihe der Vokalkompositionen. Sie gehören zu den schönsten Werken Richard Heubergers und zu den wenigen (außer seiner Operette „Der Opernball"), die heute noch Geltung besitzen, obwohl sie relativ selten aufgeführt werden. Hans Richter, der ja nicht gerade zu Heubergers Freunden zählt, äußert sich zu diesen Variationen recht positiv und will sie mit den Philharmonikern aufführen. Daraufhin überarbeitet der Komponist auf Anraten von Brahms das Werk noch einmal vor der Aufführung, wie Heuberger selbst in seinem Tagebuch vom Mai 1879 berichtet. Das Werk erscheint 1879 bei Kistner, Heuberger erhält 300 Gulden.

Zu Beginn erklingt Schuberts d-Moll-Thema (aus dem 2. Satz der Klaviersonate zu vier Händen, DV 617) nur als Streichersatz. Die 1. Variation lässt die hohen Holzbläser leicht über ein Harmoniegerüst der Pizzikato-Streicher hinhuschen; das Thema wird dabei in eine Sechzehntelbewegung umgesetzt. In der 2. Variation wird der ruhige 2/4-Takt des Themas in einen raschen 6/8-Takt ver-

*Anfänge von Thema und Variation 1 aus Heubergers „Schubert-Variationen", op. 11, 1879*

wandelt. Die 3. Variation (doloroso) ist ein elegisches Andante sostenuto in a-Moll mit Schuberts Thema in den Celli und Bässen. Der übermütige ⁶⁄₈-Takt der 4. Variation, Heubergers Lieblingstaktart, überlässt die thematische Führung den 2. Geigen, die Primgeigen umspielen in hoher Lage mit fließenden Sechzehntelfiguren das Thema. Im zweiten Teil mischen sich noch Flöte und Klarinette in die motivische Arbeit. Die 5. Variation zeigt Heuberger als Rhythmiker und Komponisten seiner Zeit. Das Orchester drängt in synkopischen Motiven zu größter Kraftentladung und herber Harmonik. Verschiebungen des Schwerpunktes bringen ungeheure Unruhe in das voll instrumentierte Orchester. Hier und im folgenden Satz ist die Brahms-Nähe besonders zu spüren. Nach diesem kurzen, aber kraftvollen Ausbruch spielt in der 6. Variation das Solo-Horn in D-Dur weihevoll das Schubert'sche Thema über einem Streichersatz, aus dem sich ein Geigengesang erhebt, der Brahms alle Ehre gemacht hätte. In der 7. Variation spielt Heuberger geschickt mit der Balance zwischen hohen und tiefen Stimmen im höchst eigenwilligen $12/16$-Takt. Nach einem Andante (Variation Nr. 8) folgt die 9. Variation, ein Allegro, welches anfangs ganz den Holzbläsern gehört. Im zweiten Teil reißen die 1. Geigen die Führung an sich, obwohl sehr viel thematische Arbeit in den Celli und Bratschen geschieht. Eine kurze Accelerando-Überleitung führt in das groß angelegte Presto-Finale, in welchem sich bereits deutlich der Komponist des „Opernballs" zeigt. Ein sinfonisches Scherzo, mitreißend und doch zart wie von Mendelssohn, mit wirksamen Kontrasten und großen Melodiebögen in den Primgeigen und hartnäckiger motivischer Arbeit, breitet sich vor uns aus. Nach einem Durchführungsteil mit verwegenen Modulationen und großen Steigerungen führen die Primgeigen zum Höhepunkt, stürzen herab und gleiten kunstvoll in das Hauptthema, mit dem die Reprise beginnt. Das Werk endet mit einer choralartigen, in den Hörnern und Trompeten majestätisch breiten Wiedergabe des Schubert'schen Themas in B-Dur und schließlich in d-Moll.

*Ein Grazer Komponist erobert Wien*

*Erste Partiturzeilen der Variation Nr. 3 aus op. 11*

# Im Bannkreis
# von Johannes Brahms

Immer mehr wird Richard Heuberger von der Persönlichkeit des großen Komponisten Johannes Brahms gefesselt und kommt dadurch auch immer mehr mit dem Freundeskreis um diesen Giganten der Musik in Berührung. Der junge Dirigent und Komponist verdankt es dem „Akademischen Gesangverein", dass er den von ihm verehrten Meister kennen lernt. Brahms ist Ehrenmitglied des Vereins, und kurz nachdem Heuberger die Dirigentenstelle angetreten hat, stattet er, gemeinsam mit dem Vorstand Dr. Heinrich Staniek, Brahms einen Besuch ab, um ihn zu einem Konzert einzuladen.

In diesen Jahren beginnen die tagebuchartigen Aufzeichnungen Heubergers über seine Erinnerungen an Brahms und dessen Freundeskreis. Diese „Erinnerungen an Johannes Brahms, Tagebuchnotizen aus den Jahren 1875–1897" gehören zu den umfangreichsten und genauesten Angaben, welche die biographische Literatur über Brahms aufzuweisen hat.

Bei genauer Lektüre dieses Brahms-Tagebuches bestätigt sich der Verdacht, dass Richard Heuberger Johannes Brahms weit näher gestanden ist, als so manche Brahms-Biographen wahrhaben möchten.

Heubergers Freund und Schüler, Robert Hernried, denkt bereits 1931 an eine Veröffentlichung dieser Aufzeichnungen, das Werk bleibt aber Manuskript. Das Verdienst der Veröffentlichung gehört schließlich dem Schneider-Verlag in Tutzing. Dort erscheinen 1971 Heubergers Brahms-Erinnerungen, von Kurt Hofmann äußerst gewissenhaft bearbeitet und mit wertvollen Kommentaren versehen.

Gleich auf der ersten Seite dieser Erinnerungen kann man lesen: *„Meine erste persönliche Bekanntschaft mit Brahms datiert von Ende 1876 her, wo ich Chöre von ihm für eine Aufführung bei Prof. Billroth einstudierte. Dr. Staniek hatte mich ihm vorgestellt."*

Am Neujahrstag 1878 berichtet Heuberger seinem Vater über einen Konzertabend bei Prof. Dr. Billroth, dem berühmten Chirurgen, dessen Haus eine der bedeutendsten Wiener Pflegestätten Brahms'scher Musik ist. Brahms dirigiert Proben seiner Chöre. Während seines Kuraufenthaltes in Radegund, wo er seine Nierenentzündung ausheilt, bearbeitet Heuberger ein Lied von Brahms, „Der Herr von Falkenstein" für Männerchor und Orchester. Er erzählt in seinem Tagebuch: *„Ich instrumentierte Brahms' ‚Falkenstein' und hatte ihm denselben übersandt; Anfang Oktober [1878] suchte ich den Meister auf; er hatte sich einen Bart wachsen lassen, recht struppig und grau. Er zeigte mir die wunderschönen Ausgaben seiner Symphonien Nr. 1 und 2, erzählte von allerlei. Zu mir sagte er: ‚Sie haben in der Zeit gewiß wieder viel Noten geschrieben!?'"*

Die Nähe zu Brahms bringt oftmals auch deprimierende Erlebnisse mit sich. So notiert Heuberger zum Beispiel am 12. 5. 1879 in seinem Tagebuch: *„Bei Brahms gewesen. Nicht lustig."* Der Meister hat einige von Heubergers Arbeiten auf die ihm eigene Art heruntergemacht und scharf kritisiert. Schon im Mai des Jahres 1878 sieht Brahms einige Jugendlieder Heubergers durch und findet viel Korrekturwürdiges in den Arbeiten des jungen Komponisten, der den Meister daraufhin äußerst verstört verlässt.

Der Komponist wird immer mehr in den Freundeskreis um Johannes Brahms integriert. Er nimmt häufig an den Vorspielabenden teil, die Brahms selbst spaßhaft „Richter-Konzerte" nennt. Vom Urteil Hans Richters, des berühmten Dirigenten, hing nämlich die Aufführung eines Werkes in den Philharmonischen Konzerten ab. Heuberger hat Kontakte mit Eduard Hanslick, dem federgewaltigen Rezensenten der „Neuen Freien Presse", mit Carl Ferdinand Pohl, dem Haydn-Biographen, mit Josef Gänsbacher, Max Kalbeck, Brahms' Biographen, Ignaz Brüll, dem Pianisten und Partner Brahms' beim vierhändigen Spiel, mit Robert Fuchs, dem Serenaden-Komponisten, und Friedrich Ehrbar, dem Klavierfabrikanten und Konzertsaalinhaber.

Auch im Stammlokal von Johannes Brahms und seinem Kreis, im „Rothen Igel", sind Heuberger und seine zweite Gattin Johanna immer gerne gesehen. Das Gasthaus „Zum rothen Igel", am Wildbretmarkt 1, lag an der Rückseite des ehemaligen Gebäudes der Gesellschaft der Musikfreunde (Tuchlauben 12), in das man durch die Hauseinfahrt des Gasthauses gelangen konnte. So war es selbstverständlich, dass der „Rothe Igel" ein Treffpunkt für Schüler, Professoren, Künstler und Archivbenützer wurde. Für Johannes Brahms bedeutet das Lokal gewissermaßen eine zweite Adresse. 1906 wird das Lokal geschlossen, das Haus demoliert.

Um Heubergers Verhältnis zu Brahms deutlich zu zeigen, sei ein zeitlicher Vorgriff gestattet. 1887 entsteht Heubergers Orchestersuite „Aus dem Morgenlande", op. 25, anfangs als Divertimento gedacht. Heuberger selbst gibt ihr die Opuszahl 25, die ursprünglich für seine F-Dur-Sinfonie vorgesehen war.

Nachdem der Komponist dieses Werk im Oktober 1887 fertiggestellt hat, macht er sofort eine Abschrift (Nov. 1887), um die Suite dem verehrten Meister Johannes Brahms als Weihnachtsgeschenk präsentieren zu können. Dieser dankt brieflich am 16. 12. 1887:

„*Geehrter und lieber Herr!*
*Mein Weihnachtsfest fängt früh und lieblich an! Denn Lieberes und Lieblicheres gibt es nicht viel als ein so freundlich collegialer Gruß wie er mir von Ihnen kommt. Haben Sie also zunächst allerschönsten Dank und glauben Sie mir, dass dieser immer der gleich herzliche bleibt, wenn ich auch gegen alle Regel hernach dem ‚geschenkten Gaul ins Maul' sehe und nach alter Gewohnheit gern ein wenig nörgle! In herzlicher Dankbarkeit und Ergebenheit Ihr J. Br."*

Was Brahms an dem Werk auszusetzen hat, liest man am besten in Heubergers Tagebucheintragung vom 16. 1. 1888 nach:

„*Er ging mit mir die Suite (ihm gewidmet) durch, die er meist nicht gut instrumentiert fand. Er sagte immer: ‚Ja, das kann keiner behaglich spielen und blasen; Sie geben den Leuten immer einzelne kleine Phrasen, einzelne Noten, wie dem Stift auf der Walze einer Spieluhr; aber der Musiker ist kein Stift, der ist ein Mensch; er muss etwas zu sagen haben! Wer die dissonierende Note hat, muss auch die Auflösung haben, sonst weiß keiner, wie er dran ist.' Er sagte viel Gutes auch, war überhaupt sehr lieb. Er sagte noch: ‚Schauen Sie Partituren von Wagner, Strauß, oder von wem Sie wollen an; alle pinseln nicht so wie Sie; alles ist zu pinselig. Sie müssen ordinärer arbeiten; nicht lauter Ausnahmen in Anwendung bringen. Es wird alles so wunderlich, stachlig; verliert die Grazie. Harmonische Wirkungen sind zuweilen überstürzt; um ein paar Takte verlängert, ist es deutlich, so ist es unklar.' Das Andante (F-Dur) lobte er durchaus.*"

Es muss uns heute klar sein, dass in mancher Hinsicht diese väterliche Kritik Brahms' nicht immer den Vorstellungen Heubergers gerecht wird. Vieles, was Brahms kritisierte, entspricht gerade der persönlichen Eigenart des jungen Komponisten und ist in manchem bereits zukunftsweisend, gehört bereits einer anderen Generation an.

Jedenfalls überarbeitet Heuberger dieses Werk total. Die völlig neue Suite wird erst 1900 bei Senff mit einer Widmung für seinen Freund Eusebius Mandyczewski gedruckt.

Dass auch das Verhältnis zu Brahms manchmal starken Spannungen ausgesetzt war, beweisen Tagebucheintragungen Heubergers, die er aber nicht in seine Brahms-Erinnerungen aufgenommen hat – dazu ist er doch ein viel zu treuer Freund. Es handelt sich um Intrigen anlässlich Heubergers Oper „Mirjam" („Das Maifest"), von welcher noch die Rede sein wird. Heuberger schreibt am 4. 12. 1892:

„*Eben sagte mir Selig, dass er durch Hanslick erfahren habe, dass Brahms, dem ich kürzlich confidentiell die Oper zur Ansicht gab, über das Werk und mich schimpfte. Hanslick sagte, dass es ihm so fatal sei, dass ich ihm schon wiederholt angetragen habe, ihm die Oper zu geben und er es sobald noch nicht haben wolle. ‚Es wird ja doch wieder nichts sein, Brahms prophezeit einen kolossalen Durchfall, und ich habe Heuberger zu gern und kann doch nicht schlecht über ihn schreiben ...'*
*Brahms hatte Hanslick beigebracht, dass ich vollständig talentlos sei! Vor Jahren habe er schon zu Hanslick (der für mich eintrat) gesagt, dass aus mir nichts werde und jetzt komme meine Unfähigkeit immer mehr zu Tage. Hanslick sagte zu Selig: Es sei gut, dass sich Heuberger einen solchen Namen als Schriftsteller gemacht hat, dass er das Componieren aufgeben kann. – Jetzt ist mir auch klar, warum Hanslick mich in den letzten Jahren ganz fallen ließ und kein gutes Wort mehr über mich schrieb. Ebenso ist Mandyczewski's Wandlung zu begründen. –*

…

*Jetzt verstehe ich auch, was Kalbeck dieser Tage sagte: ‚Schändlich ist, dass Brahms vor jedem neuen Werke in der Stadt herumläuft, um Stimmung dagegen zu machen. Sie wissen gar nicht über was alles er jetzt schon schimpft.' (da war das ‚Maifest' gemeint!)
Brahms hatte mir versprochen, mit niemand über das Werk zu reden! – Schändlich! Jetzt fällt mir auch ein Wort ein, was Brahms jüngst zu mir sagte, als wir über Brüll sprachen: ‚Brüll hat mehr Talent als mancher andre, der sich einbildet, weiß Gott wie talentiert zu sein.'
Das war wohl ich.*

…

*Dann begegnete ich Goldmark, der mir sagte, dass er wisse, dass Brahms bei Brüll über meine Oper schändlich geschimpft habe. Goldmark war halt erfreut über meine Besprechung seiner ‚Sappho' und sehr böse über Hanslick, der (nach G.s Ansicht) im Auftrage Brahms' das Stück schlecht machte. Brahms war dieser Tage (am 25. März) mit Goldm. bei Joh. Strauß eingeladen wo B. den Goldmark immer ‚Sappherich' nannte und ihn so lange frozzelte, bis G. sagte: ‚Morgen falle ich ja durch – aber heute lassen Sie mich meine Suppe in Ruhe essen.'
G. ist wütend über B. und sagte: ‚Ja, das ist eine Calamität in Wien für uns alle, dass kein Conzertprogramm ohne Rücksicht auf Brahms und Hanslick gemacht wird u. B. die Kritik H.s so beeinflußt. Brahms ist mein Laubfrosch. Wenn ich ihn sehe und spreche, so weiß ich wie H. schreiben wird. – Er war's, der die elenden Kritiken über die ‚Königin von Saba' inspiriert hat. Es ist ein Jammer!'"*

Doch Heuberger bleibt dem Andenken seines Freundes Johannes Brahms bis über dessen Tod hinaus treu. Er ist am 3. 4. 1897 einer der Mitbegründer der von Viktor von Miller zu Aichholz geleiteten Wiener Brahms-Gesellschaft und bis zu seinem Tode im Vorstand tätig.

Im Protokoll der Plenarversammlung der Wiener Brahms-Gesellschaft vom 24. Juli 1910 findet man folgende Notiz: *„Zu erwähnen schließlich, dass infolge einer Anregung unseres Mitglieds, Herrn Prof. Heuberger, eine künstlerisch geschmückte Gedenktafel am Neubau der ‚Technik' an der Stelle des Hauses Karlsgasse 4, in welchem Brahms von 1872 bis zu seinem Tode gewohnt hat, angebracht werden wird."*

Als liebe Erinnerung an seinen Freund erbittet Heuberger übrigens nach dem Tode des Meisters in einem Brief vom 5. 8. 1901 an Frau Celestine Truxa, die Wohnungsvermieterin im Hause Karlsgasse 4, das Stehpult von Johannes Brahms.
*„Wenn Sie es behalten wollen, so werde ich natürlich zurücktreten, möchte aber vor Anderen nicht zurücktreten."*

Zum 10. Todestag von Johannes Brahms veröffentlicht Heuberger in der Zeitschrift „Der Kunstwart" (XX. Jg., Heft 13, S. 6–10) einen Artikel, der mit den Worten schließt:

*„Viel ließe sich noch sagen über Brahmsens Verhältnis zu anderen schaffenden und ausübenden Künstlern älterer und neuerer Zeit. Das aber wird schon aus diesen Zeilen erkannt werden: Brahms war kein einseitiger, ablehnender, borstiger Mann, sondern einer, der stets bereit war, das Gute nicht nur zu erkennen, sondern auch zu fördern. Er war von jener echten inneren Bescheidenheit und tiefen Seelengüte, die er hinter einer künstlich gemachten, rauhen Außenseite sorgfältig, fast schamhaft verbarg. Seine Worte wollen mit dem Herzen und nicht nur mit den Ohren aufgenommen sein!"*

Obwohl Richard Heuberger fest im Freundeskreis um Johannes Brahms beheimatet ist, so ist er doch kein „Brahmsianer", der keine andere Musik gelten lässt. Er knüpft zahlreiche Kontakte mit anderen Musikern; manche davon stehen Richard Wagner und

Anton Bruckner sehr nahe. Zu beiden großen Komponisten zeigt Heuberger eine durchaus positive Haltung. Wagner hat immer schon eine ungeheure Faszination auf Heuberger ausgeübt. Man kann seinen Einfluss in Heubergers Opernschaffen auf Schritt und Tritt erkennen. Anton Bruckner schätzt er vor allem als bedeutenden Kirchenmusiker, zu dem Sinfoniker Bruckner hat Heuberger weniger Zugang. Heubergers Freund und Schüler, Robert Hernried, vertritt die Ansicht, dass Heuberger bei Bruckners Werken die Neuartigkeit der sinfonischen Architektur stört. Heuberger, der aus der Tradition der Wiener Klassik kommt, vermisst im Ablauf von Bruckners Durchführungsteilen die laufenden Übergänge, wie sie Beethoven zur Perfektion gebracht hat, die Bindeglieder der einzelnen Abschnitte, auf die der ehrliche Bruckner verzichtet, weil er sie als allzu äußerliche „Brücken" empfindet. Den Kirchenmusiker Bruckner achtet und ehrt Heuberger. Er veranlasst ihn zu einer Psalm-Vertonung für eine Tonkünstler-Versammlung des „Allgemeinen Deutschen Musikvereins", die für 1892 in Wien geplant ist, aber dann nicht zustande kommt. Für diese soll Bruckner einen Psalm komponieren, nachdem Brahms abgesagt hat. Heuberger sendet also Bruckner den Text zweier Psalmen, die er für die Komposition besonders geeignet findet. Bruckner wählt den 150. Psalm wegen seiner besonderen Feierlichkeit, wie der Brief Bruckners an Heuberger vom 7. 3. 1892 belegt.

Heubergers viel geschmähter Bruckner-Nachruf in der „Neuen Freien Presse" und im „Wiener Tagblatt" wurzelt in seiner naiven Anschauung, dass ehrliche Kritik und persönliche Wertschätzung einander nicht ausschließen dürften.

Im lächerlichen Anhängerstreit zwischen „Wagnerianern" und „Brahmsianern" sieht er sich selbst als Vermittler und wird auch diesbezüglich immer wieder angesprochen. Das beweist sein Briefverkehr mit verschiedenen Künstlern seiner Zeit. Die Gegner

Heubergers glauben, in seiner Haltung gegen Bruckner und Wagner „wunde Punkte" entdecken zu können. Richtig jedoch ist, dass Heuberger Wagner sehr wohl im Sinne der heutigen Wagner-Sicht beurteilt hat. Er tritt öffentlich für Wagners Festspielgedanken ein und lobt im „Wiener Tagblatt" vom 26. 7. 1891 diesen als „Stilbildungsschule".

Brahms gebraucht wiederholt den Ausdruck „Wir Wagnerianer" und meint damit sich und Heuberger. Darin liegt wohl eine Gegenwehr gegen die Clique und zugleich Anerkennung dafür, dass einzig Heuberger begriffen habe, aus welchen Gründen in Brahms Sympathie *und* Abneigung gegen den Bayreuther Meister wirkten. Felix Weingartner, ein Parteigänger Richard Wagners, schildert in seinen „Lebenserinnerungen" (Band 1, S. 81 und Band 2, S. 62/63) sein Zusammentreffen mit Brahms in Wien, wobei er Heuberger als Vermittler der Begegnung sehr lobt.

Anlässlich der Wiener Musik- und Theaterausstellung 1892 würdigt Heuberger in einer Feuilletonserie einen weiteren Wagnerianer, Carl Goldmark, der seinen 60. Geburtstag feiert. Goldmark schreibt daraufhin an Heuberger: *„... Seien Sie für Ihre mich so auszeichnende Kundgebung herzlichst bedankt. Ein so neidloses, echtes Künstlerherz ist heutzutage eine seltene Erscheinung..."*

Ein weiteres Beispiel für Heubergers Einstellung zu Tonkünstlern seiner Zeit ist sein Verhalten gegenüber Richard Strauss. Obwohl er als Kritiker Wesentliches am „Don Juan" auszusetzen weiß, setzt er als Ausschussmitglied und späterer Präsident des „Wiener Tonkünstlervereines" die entscheidende Initiative zur ersten Aufführung des Strauss'schen Werkes in Wien. Auch Max Regers Werke versucht Heuberger immer wieder „durchzuboxen", zuerst im Wiener Tonkünstlerverein, später im Rahmen seiner Tätigkeit als Dirigent im Wiener Männergesangverein. Reger widmet Heuberger aus Dankbarkeit seine 8 Gesänge für Männerchor, op. 83.

Auf Heubergers Veranlassung erklingen Werke von Sibelius, Richard Strauss u. a. in Wien zum ersten Male. Durch seine journalistische Arbeit hilft er jungen Kollegen wie z. B. Alexander Zemlinsky.

Ein ganz besonderes Erlebnis bedeutet für Richard Heuberger das Zusammentreffen mit Franz Liszt in Pressburg. Am 19. 3. 1883 schreibt er an seinen Vater:

*„Gestern Abend kam ich von Preßburg zurück. Wie Du aus meiner ungarischen Correspondenzkarte entnommen haben wirst, bin ich des Liszt wegen nach Preßburg gefahren. In Wien haben sich nämlich ein paar Damen zusammengetan und mir zugeredet, ich möge einmal dem Liszt was von meinen Sachen zeigen. Ich wollte eine Zusammenkunft in Pest anzetteln. Eine mir befreundete Dame in Pest rieth mir aber ab, da Liszt wegen Wagners Tod verstimmt sei.*
*In Wien hatte mir dann eine polnische Gräfin (Gycziska Zanwiska) zugeredet und versprach, was zu veranlassen. Sie veranlasste es, dass die Fürstin Hohenlohe (Frau des Oberhofmeisters des Kaisers) an Liszt meinetwegen schrieb. (Fürstin Hohenlohe ist eine geborene Fürstin Wittgenstein und L. hatte mit der Mutter derselben ein sehr schönes Liebesverhältnis. Also ein Zusammenhang.) Liszt schrieb, dass er zum Palmsonntag nach Preßburg käme und dass ich mir daher ein gutes Stück Wegs sparen könne. Das war mir sehr lieb. – Ich bedankte mich bei der Fürstin eigenhändig. Die hohen Damen gaben mir Grüße an Liszt mit und so fuhr ich am 15. abends nach Preßburg. Am 17. mittags kam Liszt an. Der Stadtarchivar, Herr Batka (ein guter Bekannter Liszts, mit dem ich in diesen Tagen recht befreundet wurde), meine Wenigkeit, einige Herren aus der Stadt, die Gräfin Rossi (Tochter der Henriette Sonntag) waren am Bahnhofe.*
*Wir suchten Liszt in einem 1. Class-Coupé; da steigt er plötzlich recht als altes Manderl aus einer 2. Classe. Er war von seinem Kammer-*

*diener begleitet. Wir wurden ihm vorgestellt. Die Herren sowohl als die Damen küssten ihm die Hände (ich wusste das nicht, und tat's auf dem Bahnhof auch danach nicht, hab's aber gestern eingebracht) und der weltberühmte Mann, der noch immer eine prachtvolle Haltung (auf sein hohes Alter 72?) hat, und der die feinsten Manieren besitzt, die ein Mensch haben kann, wurde dann von dem Wagen der Fürstin Palffy in die Stadt gefahren ...*

*... Danach, also am 18. März 1883, um? 12 Uhr ging ich zu Herrn Batka, wo ich mit Liszt zusammenkommen sollte. Er kam bald und entschuldigte sich, dass er so spät käme, indem das Gebet des Domherrn so lange gedauert habe. Er steht nämlich täglich um 6 Uhr auf, geht in die Kirche und betet mit den anderen Domherren das gewisse vorgeschriebene Gebet. Als er kam, ersuchte er um ein Glas Wein; wir tranken alle zusammen ein Stamperl. Dann probierte er mit einem Herrn ein Stück aus dem Oratorium, das besonders schlecht gegangen war. Er begleitete am Klavier. Dann kam ich. Ich spielte ihm allerhand vor.*

*Zuerst das allerneueste Stück aus „Des Knaben Wunderhorn" op. 19* [gemeint ist die Kantate für Sopran – und Tenor-Solo, Männerchor und Orchester „Geht's Dir wohl, so denk Du an mich"], *das ihm außerordentlich gefiel. Dann kam die Rhapsodie* [Rückerts „Liebesfrühling" für Tenor-Solo, gemischten Chor und Orchester, op. 18], *die ich vor drei Jahren machte; gefiel ausgezeichnet. Dann kamen Parthien aus der Oper* [gemeint ist Heubergers erste komische Oper „Die Abenteuer einer Neujahrsnacht", op. 29, von der noch die Rede sein wird]. *Die Ouvertüre spielten wir vierhändig (er spielte Bass). Ein Stück daraus auf sein Verlangen sogar zweimal. Er liebte es sehr. Dann einige Szenen aus der Oper. Das war weniger sein Geschmack. Für Lustiges hatte er in seinem Leben nie besonderen Sinn gezeigt. Immer nur für Pathetisches. – Dann spielten wir die ‚Cain'-Ouvertüre vierhändig (er spielte jetzt oben). Gefiel ihm weni-*

*ger. Dann wollte ich aufhören. Da ersuchte er, ich möchte ihm etliche Lieder vormachen. Ich war gut bei Stimme und sang ihm ein paar vor, die ihm famos gefielen. Damit war ich zu Ende. – Er sprach sich dann nochmals über Einzelnes sehr gut aus und entließ mich dann, nachdem er mich umarmt hatte. (Das ist bei ihm so Usus, wenn ihm was gefällt. Damen, besonders junge, hübsche, küsst er.) Ich muss sagen, dass mir die Zeit, die ich mit L. zubrachte, lebenslang in Erinnerung sein wird. – Ich habe mir den berühmten Mann gut angesehen, habe seine Nähe genossen und hoffe, dass er für Poussierung der Oper etwas thun wird. Er erkundigte sich nach dem Namen des Mannheimer Kapellmeisters – vielleicht thut er was."*

Johann Batka, der sich um das musikalische Leben in Pressburg sehr verdient gemacht hat, schreibt 1898 (anlässlich des „Opernball"-Erfolges) über dieses Zusammentreffen mit Liszt:

*„In meiner eigenen Wohnung hat Richard Heuberger, damals ein junger Komponist, Franz Liszt seine komische Oper ‚Die Abenteuer einer Neujahrsnacht' aus der Partitur vorgespielt. … Altmeister Liszt hörte bei mir mit gespannter Aufmerksamkeit dem Vortrag Heubergers zu, indem er in die Partitur blickte und hier und da befriedigt lächelte. Später sagte er mir über das Kompositionstalent und die Musik Heubergers sehr freundliche und gute Worte und deutete auf eine glückliche Zukunft des jungen ‚warmen' Mannes."*

In den letzten Abschnitten wurden so viele Werke Heubergers nur erwähnt, ohne dass darauf näher eingegangen wurde. So scheint es an der Zeit zu sein, dem kompositorischen Schaffen des Künstlers in diesen Jahren der Brahms-Nähe nachzugehen und dabei auch kurz zurückzublicken:

Schon am 24. 2. 1877 schreibt Heuberger seinem Freund Kienzl: *"… Meine Sachen scheinen in Schwung zu kommen."*
Er weist auf Aufführungen in Brünn, St. Pölten, Stuttgart und Znaim hin; auch in Graz werden Heubergers Chöre aufgeführt. Die „Grazer Tagespost" berichtet über ein Konzert des Witwenfonds des Steiermärkischen Schriftstellervereines vom 25. 2. 1877.

Für den großen Durchbruch jedoch benötigt der Komponist eine Aufführung durch die Wiener Philharmoniker. Seine „Nachtmusik" für Streichorchester, op. 7, inzwischen vollendet und zur Novitätenprobe der Wiener Philharmoniker eingereicht, wird aber von Hans Richter abgelehnt. Heuberger meint, Richter hätte das Werk absichtlich zu Fall gebracht. Er schreibt an Rosa Kosjek am 28. 9. 1877: „… *In Kurzem will ich Ihnen erzählen, dass die Philharmoniker mein neuestes Orchesterstück ‚Nachtmusik' nicht angenommen haben und zwar durch eine ganz gemeine Handlungsweise Hans Richters. Er that alles, um das Stück zu Fall zu bringen; Gott sei Dank bin ich erst 27 Jahre alt. Und alle, die es in der Probe gehört haben, Grädener, R. Fuchs, Doppler usw. sprachen sich vorzüglich darüber aus …"*

Einige Jahre später berichtet der Dresdner Kapellmeister Ernst Schuch dem Komponisten brieflich über eine gelungene Aufführung dieses Werkes und über seine eigenmächtige Verwendung von Sordinen (Dämpfer) im dritten Satz: „… *In Eile beehre ich mich Ihnen mitzutheilen, dass Ihre entzückende ‚Nachtmusik' im vorgestrigen Sinfoniekonzert* [am 26. 7. 1896] *außerordentlich gefallen hat …"*

Die „Nachtmusik" ist auch neben dem „Opernball" und den „Schubert-Variationen" Heubergers bekanntestes Werk und ist auch auf Schallplatten bzw. CDs zu hören. Es hat den „Durchfall" bei den Philharmonikern durchaus nicht verdient.

Durch häufige Teilung der Violin-, Viola- und Cellogruppen im 1. Satz (Allegretto) entsteht ein dichtes Klanggeflecht, ein oftmals achtstimmiger Streichersatz, aus dem sich immer wieder das an Dvořáks Melodik erinnernde Hauptthema herauslöst. Trotz der für Heuberger typischen unregelmäßigen Periodenbildung wirkt der Satz sehr geschlossen, wie aus einem Guss; die Stimmen fließen ruhig ineinander. Die feine dynamische Differenzierung mit vielen Fortepiano-Stellen und Steigerungen verlangen einen sensiblen Dirigenten und ein entsprechendes Orchester. Hier könnte man tatsächlich durch Nichtbeachten der Dynamik dem Werke sehr schaden!

Der 2. Satz (Allegro vivace), der allerdings nicht zu rasch genommen werden sollte, ist ein richtiger „Ländler" mit einem „böhmischen" Seitenthema frei nach Smetana. Das „Trio" weist Heuberger als echten Walzerkomponisten aus, genauso wie der 3. Satz (Andante), der vom Melodietyp her mehr einem duftigen Walzer als einem Menuett entspricht, einem der noblen Art der späteren Operettenwalzer Heubergers. Auch der 4. Satz (Presto) ist ganz in der wirbelnden Art eines Operettenfinales oder einer Heuberger'schen Ouvertüre komponiert; die Ouvertüre zur Operette „Der Opernball" schließt in der Diktion direkt an diesen Satz an. Das zweite Thema im D-Dur-Teil hingegen klingt wie eine schlichte Volksweise.

Die bereits besprochenen „Schubert-Variationen" gefallen Hans Richter, der ja nicht zu Heubergers Freunden zählt, besser; er äußert sich positiv und will sie mit den Philharmonikern aufführen.

Neben vielen Liedern und Chorwerken entstehen noch zwei weitere sinfonische Kompositionen, denen leider kein Erfolg beschieden ist. Die Ouvertüre zu Lord Byrons „Cain" ist eines der pathetischen Werke Heubergers, voll von Beethoven'scher Orchestertechnik, die Heuberger überhaupt nicht liegt. Alle zeitgenössischen Kritiker haben natürlich Recht. Der junge Komponist hat

*Erste Partiturseite op. 7, 1878*

sich mit dem Stoff der literarischen Vorlage hoffnungslos übernommen. Erstaunlich bleibt nach wie vor die künstlerische Reife der thematischen Durchführung, in Verbindung mit kühnen Modulationen und – von Freund und Feind vernichtend kritisierten – harten Dissonanzen, die bereits in spätere Jahrzehnte weisen.

Der zweite „Durchfall" betrifft Heubergers einzige Sinfonie in F-Dur, die von Hans Richter in seinem 100. Konzert mit den Wiener Philharmonikern neben der 3. Serenade von Robert Fuchs aufgeführt wird. Die Kritiker äußern sich unterschiedlich. Ludwig Speidel verreißt Heuberger im „Fremdenblatt", Hanslick gefällt das Scherzo nicht, welches Kalbeck wieder lobt. Dr. Theodor Helm verteidigt Heuberger gegen seine Kritiker und meint, wenn dieser Satz von Brahms wäre, würden manche anders schreiben. Auch Dr. Hans Paumgartner äußert sich lobend. Der Komponist selbst schreibt in seinem Tagebuch am 19. 12. 1886:

*„… Meine Symphonie fällt mit den Philharmonikern solenne durch … Der letzte Satz gefällt … Aufführung schlecht vorbereitet. Richter konnte das Werk nicht. Bei der Generalprobe hatte ich ihm in Eile die hauptsächlichsten Stimmverschlingungen gezeigt, von denen er keine Ahnung hatte … Tempo des Scherzos viel zu schnell! Tempi des Andante immer an der unrechten Stelle zu schnell und zu langsam. O, wie ward ich klein gemacht worden!"*

Was immer wieder und von allen Seiten positives Echo findet, sind Heubergers Lieder und Chorwerke.

Die schon im Jänner 1878 komponierte, im Oktober 1882 überarbeitete und 1883 bei Kistner als op. 18 verlegte Rhapsodie über Rückerts „Liebesfrühling" für Tenor-Solo, gemischten Chor und Orchester wird in ihrer ersten Gestalt schon am 21. 3. 1880 im Grazer Rittersaal unter der Leitung des Komponisten aufgeführt. Vielleicht stammt die Anregung zu diesem Werk von seinem Freund Wilhelm Kienzl, der auch – wenngleich andere – Teile von Rückerts Dichtung für Tenor und Klavier (op. 11) vertont hat. Immer wieder schimmert in Heubergers Komposition das Vorbild von Brahms heraus.

Viel stärker ist der Brahms'sche Einfluss jedoch im „Liederreigen", op. 17, zu spüren, der gemeinsam mit eben erwähnter Rhapsodie sowie den Liedern op. 13, der Kantate „Geht's Dir wohl, so denk' an mich" und der „Cain"-Ouvertüre in Heubergers zweitem Kompositionskonzert am 29. 3. 1884 aufgeführt wird, diesmal im Großen Saal des Wiener Musikvereinsgebäudes.

Der „Liederreigen" für 4 Solostimmen und gemischten Chor besteht aus 12 Liedern in verschiedener Besetzung und erinnert rein äußerlich sehr an den „Liebeslieder-Zyklus" von Johannes Brahms. Starke Brahms-Nähe erahnt man im 3. Lied, einem Tenor-Walzer in F-Dur. Interessant ist hier wie auch im Sopran-Solo des 4. Liedes die Verwendung des „umgebogenen Leittones", der noch an anderer Stelle erklärt werden wird und den Heuberger später sehr oft und gerne anwendet, am prominentesten wohl im bekanntesten „Schlager" des „Opernballs", im Duett „Geh'n wir ins Chambre séparée". Das Aufzeigen der Entwicklung gewisser melodischer Eigenheiten in Heubergers Schaffen ist besonders wichtig, wenn es sich darum handelt, Gerüchten entgegenzutreten, welche behaupten, diese berühmte Melodie sei nicht von ihm. Doch davon später!

Der „Schlachtgesang", op. 20, dürfte tatsächlich zur Zeit des Komponisten ein großer Erfolg gewesen sein. Heute empfinden wir dieses altdeutsche Kriegslied für Männerchor und Orchester wahrscheinlich etwas anders. Es folgen Liederhefte (op. 21, 23, 24, 27), zwei Männerchöre (op. 26) und recht hübsche Duette (op. 22 und op. 28).

Die Lieder, in denen sich immer mehr auch Schubert'scher Einfluss bemerkbar macht, und seine Chöre erfreuen sich zu Lebzeiten des Komponisten allgemein und europaweit großer Beliebtheit und sind in Konzertprogrammen bekannter Künstlerinnen und Künstler sowie im Repertoire mancher Chöre zu finden. Heutzutage hat man anscheinend auf sie ungerechterweise ganz vergessen.

Die genauere Besprechung aller Chor- und Liedkompositionen Heubergers würde hier den Rahmen sprengen. Es sei auf das kurze Werkverzeichnis bzw. auf die Übersicht über Heubergers Leben und Werk im Anhang verwiesen, wo auch die Vielfalt seines Lied- und Chorschaffens sichtbar wird.

*Titelseite op. 22, 1885*

# Schriftsteller
# und gefürchteter Kritiker

Nach dem Tode seiner ersten Gattin, Auguste, 1881, bekommt Richard Heuberger eine Stelle als Musikkritiker und Musikberichterstatter an dem von Moritz Szeps herausgegebenen „Wiener Tagblatt", rückt aber erst 1889/90 an die erste Stelle vor.

Dadurch gewinnt er bald wesentlichen Einfluss auf das kulturelle Leben in Wien. Sein Urteil wird maßgeblich. Seine fachlich gewissenhaft durchgearbeiteten Feuilletons, die er in Wien und München veröffentlicht, stärken sein Ansehen und sind außerdem eine Fundgrube zur neueren Musikgeschichte Wiens. Doch diese Tätigkeit zwingt Heuberger immer mehr in ein Spannungsfeld zwischen künstlerischem Schaffen und kritischer Stellungnahme. Dass ihm dies nicht immer zum Vorteil gereicht, zeigen in den folgenden Jahrzehnten die Reaktionen seiner Kollegen, Zeitgenossen und sogar die seiner Freunde. Manches Zerwürfnis wäre Heuberger erspart geblieben, wäre er nicht auch Kritiker gewesen.

Sein Freund und Schüler Robert Hernried berichtet: *„Im Innern naiv und von einer unerbittlichen Ehrlichkeit der künstlerischen Gesinnung, schreibt er wie er denkt, ohne nach links und rechts zu schauen und schafft sich so wenig Freunde und viele Feinde …*
*Die Kritiken, vor allem aber die sachkundigen und lebendig geschriebenen Feuilletons Heubergers fanden bald größere Beachtung. In Briefen vom 8. 10. 1889 und 17. 3. 1900 spendet Hanslick dem jüngeren Fachgenossen höchstes Lob. Er nennt sein Urteil über das Requiem von Berlioz ‚geistreich und treffend' und stellt fest: ‚Wer so urteilt und so zu schreiben versteht, ist ein Gewinn für die Wiener Musikkritik.'"*

Damit haben wir wieder zeitlich vorgegriffen. Im Jahre 1890 übernimmt Heuberger auch die Redaktion der „Deutschen Kunst- und Musikzeitung", die damals noch in Wien erscheint. 1891 empfiehlt ihn Hanslick als Berichterstatter dem Schriftleiter der Stuttgarter „Neuen Musikzeitung", Dr. Swoboda, und dem Redakteur der „Münchner Fremdenzeitung", Baron Alfred Mensi.

Richard Heuberger hat große Angst, der Parteilichkeit bezichtigt zu werden. Aus diesem Grunde weigert er sich auch in späteren Jahren, eine Kritik über die Operette „Wiener Blut" zu schreiben, die sein Freund und engster Mitarbeiter bei den „Opernball"-Aufführungen, Adolf Müller jun., nach der Musik von Johann Strauß zusammengesetzt hat. Das Libretto ist noch dazu von Victor Léon und Leo Stein; so könnte man eine positive Kritik als „Freundschaftsdienst" auslegen, und das will Heuberger auf jeden Fall vermeiden.

Heubergers Veranlagung und literarischer Begabung kommt die Arbeit als Musikschriftsteller und Kritiker sehr entgegen. Schon 1894 bemüht er sich um eine Stelle bei der „Neuen Freien Presse", der damals bedeutendsten Tageszeitung Österreichs. Dr. Eduard Hanslick hat sich ja schon des Öfteren lobend über Heuberger ausgesprochen und da er, Gerüchten zufolge, als Kritiker abtreten soll, bittet ihn Heuberger, ihm die Nachfolge zu übertragen. (Laut einer Tagebuch-Eintragung Heubergers hat Hanslick ihm 1892 das Kritikeramt bei der „Neuen Freien Presse" versprochen, wenn er in Pension geht.) Aber Hanslick versichert ihm, dass er zu bleiben gedenke und der Posten des 2. Kritikers noch von Dr. Hermann besetzt sei. Nach dessen Tod im Jahre 1895 lässt Hanslick dann Heuberger neben sich als Kritiker arbeiten. Um Verwechslungen zu vermeiden, muss Heuberger seine Artikel mit -R- statt mit -H- abzeichnen.

Die „Neue Freie Presse" vertritt vor allem das liberale Lager, dem auch Brahms und Heuberger angehören. Beide lehnen den

Antisemitismus ab und stehen politisch auf dem Boden des freien Bürgertums. Der fleißige Heuberger ist Hanslick gerade recht, und dieser spart auch nicht mit Lob. Kleinere Meinungsverschiedenheiten tauchen zwar schon bald auf (November 1896), stören jedoch vorerst nicht die Zusammenarbeit. Hanslick überlässt seinem jungen Kollegen gerne die „heißen Eisen" (z. B. Werke Bruckners), aber auch Erlebnisse, die Heubergers musikalisches Schaffen stark prägen. Im Juli 1898 beendet Heuberger seine Rezensententätigkeit beim „Wiener Tagblatt". Umso mehr widmet er sich der Mitarbeit an der „Neuen Freien Presse", wo er weiterhin neben Hanslick Artikel und Feuilletons verfasst.

Die Arbeitsgemeinschaft mit Hanslick bringt einen regen Briefverkehr der beiden mit sich. Im Besitz der Familie Heuberger befinden sich über 200 Briefe und Karten, die einen guten Einblick in die Beziehung zwischen den beiden Männern geben. Hanslick behält sich grundsätzlich das Opernreferat und den Bericht über Philharmonische Konzerte, zieht Heuberger aber oft als Vertreter heran, nimmt andererseits auch Konzerte für sich in Anspruch, die eigentlich in Heubergers Ressort fallen. Schon zu Anfang von Heubergers Tätigkeit bei der „Neuen Freien Presse" gibt Hanslick seinem Mitarbeiter zu verstehen, dass dieser alles zu besprechen habe, was er, Hanslick, nicht zu besprechen wünsche.

Nach dem Tone der Korrespondenz zu schließen ist aber das Verhältnis zwischen den beiden Kritikern zunächst herzlich, doch bald treten Differenzen auf. In Heubergers Tagebüchern findet man immer öfter Belege für Unstimmigkeiten:

*„... Hanslick ist jetzt öfter eigenthümlich und verschnupft. Er will, ich soll auf den Bösendorfer-Saal schimpfen und das tu ich nicht, da es niederträchtig wäre ...*
*Letzthin erschien eine Reclameschrift vom Geigenmacher Zach, wor-*

*in er seine mittelmäßigen Instrumente anpreist; als Erster, der ein geradezu entzückendes Attest beigestellt hatte – Hanslick. Ich verstehe manches nicht, oder mag's wenigstens nicht glauben, dass ich's verstehe".*

Auch in seiner Ehre als Musikschriftsteller fühlt sich Heuberger durch Hanslick beeinträchtigt. Heuberger hat im „Illustrierten Wiener Extrablatt" in den Jahren 1895/96 eine Aufsatzreihe über die Wohnstätten berühmter Musiker in Wien unter dem Titel „Wo unsere großen Musiker gewohnt haben" veröffentlicht, die auf Grund genauer musikwissenschaftlicher Forschungen entstanden ist. Hanslick entlehnt diese Arbeit von Heuberger, gibt sie aber dann eigenmächtig der Musikreferentin, einem gewissen Fräulein Abel, die daraus einen Aufsatz für das Musikblatt „Dur und Moll" zusammenstellt.

Die von Hanslick geforderte völlige Unterordnung bei größter Ausnützung des Arbeitseifers seines Mitarbeiters stimmt Heuberger zunehmend kritisch gegenüber Hanslick. So notiert er kurz nach dem Glückwunsch Hanslicks zum Erfolg von Heubergers Ballett „Struwwelpeter" in Prag im Jänner 1897: „... *Dieser Tage (am 15.) ging ich mit Hanslick aus dem böhmischen Streichquartett. Zuerst wurde Dvořáks As-Dur Quartett, dann Brahms' H-Dur Trio gespielt. Hanslick meinte, dass er nach dem sinnlich-blühenden Dvořák das Brahms'sche Werk nicht hören könne. So trocken sei es, das Adagio schrecklich!"*

Heuberger ärgert sich über die abfälligen Äußerungen Hanslicks, die so sehr im Gegensatz zu dessen Besprechungen stehen. Er notiert zum Beispiel Hanslicks Worte: „... *Sie glauben gar nicht, wie gleichgültig mir jetzt die Beethoven'schen Symphonien geworden sind."*

Entrüstet ist Heuberger, als Hanslick in einer Postkarte an ihn Brahms' f-Moll-Quintett recht abfällig kritisiert, in einer Suite von Ignaz Brüll hingegen den Nachglanz von Bach findet. Heuberger kann es nicht verstehen, dass Hanslicks vertrauliche Äußerungen oft von seiner offiziellen Meinung abweichen. In seinen Brahms-Erinnerungen notiert er einen Ausspruch von Hanslick bezüglich Johann Sebastian Bach: *"... Sie sind auch so ein Bach-Heuchler wie Brahms!"*

Für Hanslick selbst wird Heuberger immer unentbehrlicher. *"Nach Wien sehne ich mich gar nicht, und da mir der Himmel den heiligen Richard zu Hilfe geschickt hat, habe ich auch nicht die geringsten Gewissensbisse wegen der Neuen Freien Presse ..."*, schreibt er an Heuberger aus Meran mit beigelegtem Lorbeerblatt als Gratulation zur 100. Aufführung von Heubergers „Opernball" am 23. 3. 1899.

Im Jahre 1901 kommt es schließlich zur offenen Auseinandersetzung mit Eduard Hanslick. Auf Heubergers Bitte um Aufbesserung seiner Bezüge und mehr Freiheit bei seiner Kritikertätigkeit wird er vorerst von Hanslick vertröstet und bekommt die neuerliche Zusicherung, nach Hanslicks Pensionierung an dessen Stelle vorzurücken.

Beunruhigt durch das Auftauchen Dr. Julius Korngolds im Musikfeuilleton der „Neuen Freien Presse", will Heuberger vom Herausgeber des Blattes, Herrn Dr. Bacher, die bestimmte Zusicherung der Nachfolgerschaft erlangen. Bei dieser Unterredung erfährt er, dass Hanslick mit Bacher nie über diese Frage gesprochen hat. Heuberger stört außerdem, dass Hanslick ihm die Besprechung von dessen Werk „Die moderne Oper" verwehrt hat, Korngold aber darüber ein großes Feuilleton schreiben darf. Auf diese Fragen geht Hanslick am 5. 1. 1901 in einem recht aufschlussreichen Brief an Heuberger ein:

*„Lieber Freund!*

*...*

*Was die Aufbesserung Ihrer Stellung und Bezüge betrifft, so geht sie einzig und allein die Herausgeber an, welchen ich Ihren Brief auch sofort zusende.*

*...*

*Was Ihre Ausfälle gegen den Brünner Advokaten Dr. Korngold betrifft, so erlaube ich mir Folgendes zu bemerken. K. ist, um die Pariser Ausstellung zu sehen, auf seine Kosten dahin gereist u. da er während seines Aufenthalts eine intressante Oper dort gehört, schrieb er auf Gerathewohl darüber an die N. Fr. Pr...*
*(Ich war damals gar nicht in Wien.) Nun möchte ich wissen, was Sie dagegen einzuwenden haben? ...*
*Was nun mein neues Buch betrifft, so habe ich es Ihnen aus Höflichkeit u. Collegialität zugeschickt, ohne die mindeste Andeutung, Sie möchten es besprechen ...*
*Auf Ihre Anfrage (bei unserer letzten Straßenbegegnung) antwortete ich: ‚Wenn Sie ein paar Zeilen darüber schreiben wollen, wird es mich gewiss freuen.' Würden Sie statt der ‚paar Zeilen' einen ausführlichen Artikel gebracht haben, so hätte es mich gewiss noch mehr gefreut. Die Kürze Ihrer Notiz, in welcher nicht einmal ein oder der andere Aufsatz dem Titel nach citirt war, ist selbst der Redaction aufgefallen. Ohne Zweifel auch Herrn Korngold, der seltsamerweise meine Schreibereien nicht nur liebt, sondern auch kauft. (Ich habe ihm kein Exemplar geschickt.) So hat er dann, ganz aus freiem Antrieb, die Besprechung geschickt, welche zu meiner eigenen Überraschung so schnell erschien. Ganz genau so wie vor einem Jahr mit meinem vorletzten Buch! Auch damals hätte die Redaction gewiss keine zweite Kritik aufgenommen, wenn eine von Ihnen aufgelegen wäre.*
*In der Hoffnung, dass diese mir peinliche Correspondenz hiemit abgeschlossen sei, Ihr ergebenster EdH."*

Im Dezember 1901 wird Heuberger von einem Kollegen hinterbracht, Hanslick habe beanstandet, dass Heuberger trotz seiner Kritikertätigkeit komponiere. In einer Unterredung mit den Herausgebern Dr. Bacher und Benedikt erklärten beide, Hanslick wünsche die Lösung des Verhältnisses. So legt Heuberger nach kurzer Karenzfrist sein Kritikeramt am 1. Juli 1902 nieder. In einem Brief an Ludwig Bösendorfer vom 26. 6. 1902 schreibt er: „... *Bei der Gelegenheit muss ich Ihnen mittheilen, dass ich Ende dieses Monats aus dem Verbande der N. Fr. Pr. scheide. – Ich habe mich endgiltig mit dem Haderlumpen Hanslick überworfen – ich hoffe, Sie können das gut begreifen. Die Winkelzüge und Schandthaten dieses Schädlings der Kunst und der Menschheit haben mich so sehr angeekelt, dass ich – so schwer mir das fiel – alle Vorteile der mir liebgewordenen Stellung aufgab ...*"

Noch eine wichtige Freundschaft geht in diesen Jahren in Brüche: Ein Artikel über eine Aufführung der 9. Sinfonie Beethovens durch Gustav Mahler am 18. 2. 1900 (Nicolai-Konzert der Wiener Philharmoniker), in dem Heuberger dessen instrumentale Retouchen tadelt, führt zum Abbruch der ehemals freundschaftlichen Beziehung zwischen den beiden Künstlern.

Zuerst der Standpunkt Heubergers: „... *Auf den Bildern älterer Meister kann der Kunstfreund mit Schrecken Übermalungen aus den verschiedensten Epochen entdecken ...*
*Man ist jetzt allerorten bemüht, die Spuren solcher sinnstörenden Eigenmächtigkeiten zu entfernen und die Meister so zu uns sprechen zu lassen, wie sie es für gut fanden. – In der Musik werden gerade in unserer Zeit Versuche gemacht, das durchaus verwerfliche System der ‚Übermalungen' an den Werken unserer Klassiker zur Anwendung zu bringen.*
*Was uns gestern als Neunte Symphonie von Beethoven vorgeführt wurde, ist ein bedauerliches Beispiel für diese Verirrung, diese Barba-*

*rei. Eine ganze Unzahl von Stellen erschien förmlich uminstrumentiert, dadurch dem Klang und somit auch dem Sinn nach geändert … Wenn die Symphonie mangelhaft klingen würde, wenn sie eine Discordanz zwischen Gewolltem und Erreichtem aufwiese, ließe sich – allenfalls – über diese Änderungen reden … Da dies alles aber durchaus nicht der Fall, können wir nur sagen, dass dasjenige, was über die bei uns seit Jahren eingeführten kleinen Retouchierungen Wagners hinaus an der Partitur der Neunten umgeschrieben wurde, von Übel ist und nach schleunigster Ausmerzung schreit! Wir gehören zu den aufrichtigsten Verehrern Herrn Direktor Mahlers, insoweit es seine bewundernswürdige Tätigkeit im Theater betrifft, und glauben vor dem Verdachte böswilliger Verkennung dieses seltenen Künstlers oder seines Wirkens völlig sicher zu sein; umsomehr möchten wir aber in diesem Falle ein vernehmliches Halt! rufen … "*

Heubergers Meinung, an der Originalinstrumentation sei unbedingt festzuhalten, erregt Mahler derart, dass er beim nächsten Konzert eine gedruckte Erklärung verteilen lässt, worin er seinen künstlerischen Standpunkt verteidigt. Er weist darauf hin, dass er, „fern von Willkür und Absichtlichkeit, aber auch von keiner Tradition beirrt, den Willen Beethovens" erfüllt habe.

Einige Sätze aus Mahlers Verteidigungsschrift mögen das illustrieren:

*„Beethoven hatte durch sein in völlige Taubheit ausgeartetes Gehörleiden den unerlässlichen innigen Contact mit der Realität, mit der physisch tönenden Welt gerade in jener Epoche seines Schaffens verloren, in welcher ihn die gewaltigste Steigerung seiner Conceptionen zur Auffindung neuer Ausdrucksmittel und zu einer bis dahin ungeahnten Drastik in der Behandlung des Orchesters hindrängte. Ebenso bekannt wie diese Thatsache, ist die andere, dass die Beschaffenheit der*

damaligen Blechinstrumente gewisse zur Bildung der Melodie nöthige Tonfolge schlechterdings ausschloss. Gerade dieser Mangel hat mit der Zeit eine Vervollkommnung jener Instrumente herbeigeführt, welche nunmehr nicht zu möglichst vollendeter Ausführung der Werke Beethovens auszunützen, geradezu als Frevel erschiene …
… Von einer Uminstrumentierung, Änderung oder gar ‚Verbesserung' des Beethoven'schen Werkes kann natürlich absolut nicht die Rede sein. Die längst geübte Vervielfachung der Streichinstrumente hat – und zwar ebenfalls schon seit Langem – auch eine Vermehrung der Bläser zur Folge gehabt, die ausschließlich der Klangverstärkung dienen sollen, keineswegs aber eine neue orchestrale Rolle zugetheilt erhielten."

Heuberger hört von der Kundgebung Mahlers und bittet ihn telegrafisch um leihweise Überlassung der Partitur der „Neunten". Mahler schreibt daraufhin am 24. 2. 1900 einen Brief mit beachtenswert kühler Anrede (bisher waren die Worte „Lieber Freund!", „Liebster Freund!" oder „Mein lieber Heuberger!" üblich gewesen):

*„Sehr geehrter Herr Heuberger!*
*Ich bitte zu entschuldigen, dass ich erst heute Ihr Telegramm beantworte; der Hinweis auf unabweisbare Geschäfte wird mir von Ihnen gestattet sein.*
*Meine Partitur gebe ich nicht aus meinen Händen, ich glaube auch nicht, dass Ihnen dieselbe nützen wird, da Ihnen meine Aufführung nicht genützt. – Wohl aber bin ich gern bereit, Ihnen an Hand dieser Partitur, wie jedem anderen, mein Verhalten, den Beethoven'schen Notationen gegenüber zu demonstrieren, wenn Sie sich zu diesem Behufe zu mir bemühen wollten. Allerdings müsste ich von Ihnen die Versicherung haben, dass es Ihnen wirklich darauf ankommt, sich von mir über meine Intentionen belehren zu lassen, und nicht etwa, sich bloß Material zu einer weiteren Polemik zu verschaffen, zu der ich*

*nicht genug freie Zeit habe, selbst wenn es in meiner Art läge, auf eine solche einzugehen.*
*Der Künstler beweist durch die Tat. Im vorliegenden Falle aber war ich genötigt, das Wort zu ergreifen und unbewiesenen Behauptungen entgegenzutreten, die ich prinzipiell anzuerkennen schiene, wenn ich sie ohne Entgegnung ließe.*
*Mit vollster Hochachtung          Gustav Mahler"*

Man kann heute davon ausgehen, dass Heubergers Anklagen gegen Mahlers akustische Anpassung an heutige Gegebenheiten, wie es auch die moderne Musikwissenschaft längst verstanden hat, einen Kampf gegen Windmühlen und ein Beispiel für die oftmals starre Unbeirrbarkeit des Kritikers darstellt.

Richard Heuberger ist nicht nur Komponist, Chor- und Orchesterdirigent und Kritiker; er schreibt auch einige erwähnenswerte Bücher, die von musikwissenschaftlicher oder didaktischer Bedeutung sind. (Auf die Lehrtätigkeit Heubergers soll später eingegangen werden.)

Vorerst sammelt er seine besten Feuilletons und Essays in zwei Büchern, die vom Verlag Hermann Seemann's Nachfolger in Leipzig 1901 veröffentlicht werden.

„Im Foyer" beinhaltet gesammelte Essays über das Opernrepertoire der Gegenwart. Einige der besprochenen Werke sind bereits Raritäten. So finden wir beispielsweise Besprechungen der Oper „Der Barbier von Bagdad" (Peter Cornelius), „Die Liebenden von Teruel" (Thomas Breton), „Werther" (Jules Massenet), „Dimitrij" (Antonín Dvořák), „Halka" (Stanislaw Moniuszko), „Die Feen" ( Richard Wagner, Aufführung in Prag), „Das verlorene Paradies" (Anton Rubinstein), „I Medici" (Ruggiero Leoncavallo), „Der Kuss" (Friedrich Smetana), „Das Heimchen am Herd" (Karl Goldmark), „Die Göttin der Vernunft" (Johann Strauß), „Das

Mädchen von Navarra" (J. Massenet), „Zanetto" (Pietro Mascagni), „Der Rattenfänger von Hameln" (Viktor E. Nessler), „Die Königskinder" (E. Humperdinck), „Dalibor" (Friedrich Smetana), „Der Bärenhäuter" (Siegfried Wagner), „Der Dämon" (Anton Rubinstein), „Es war einmal" (Alexander v. Zemlinsky) .

Im Vorwort schreibt Heuberger: *Die vorliegenden Aufsätze sind im Laufe der letzten zwölf Jahre in verschiedenen Zeitschriften, in der ‚Allgemeinen Zeitung' (München), der ‚Neuen Freien Presse', im ‚Wiener Tagblatt' u. a. erschienen. – Den Wert, welchen Aufzeichnungen von Zeitgenossen über Ereignisse der Politik oder Kunst in jedem Falle beanspruchen dürfen, wird ihnen auch derjenige zuerkennen, der sonstige Verdienste daran nicht zu entdecken vermag. Mögen sie mindestens in diesem Sinne freundlich aufgenommen werden."*

Das zweite Buch, „Musikalische Skizzen", beinhaltet eine Sammlung von Kritiken, Biographien zu Geburtstagsanlässen, Nachrufe und interessante Essays über musikalische Themen:

Im ersten Artikel („Über Operntexte", 1895) entwirft Heuberger seine Vorstellungen von guten Libretti. In „Wagners Vorbilder" (1895) legt er dar, welche Quellen und dichterische Vorlagen Wagner für seine Musikdramen hatte. In „Der Krach der italienischen Oper" (Weihnachten 1895) schreibt Heuberger über die Verismo-Komponisten und ihre Erfolge. Karl Goldmark widmet er in „Karl Goldmark zum 60. Geburtstag" eine Kurzbiographie (1892; eigentlich der 62. Geburtstag; ungenaue Familienpapiere machten Goldmark glauben, er sei 1832 geboren; er feierte erst den 70. Geburtstag am 18. 5. 1900 „richtig"). Es folgt ein Artikel über Mozarts Wirken in Wien („W. A. Mozart", zum 5. 12. 1891), In „J. Brahms zum 60. Geburtstag" (1893) entwirft Heuberger eine Biographie und Würdigung mit einer „Innenschau", deren nur ein Freund fähig ist. Er erklärt die Brahms'sche Satzweise in seinen Sinfonien und verurteilt die Aufteilung der Musikfreunde in feindliche Lager: „... *Auch der müßige Streit, wer größer sei, er oder Wagner, soll uns nicht bekümmern. Freuen wir uns, dass wir zwei solche Kerle besitzen* ..." Felix Mendelssohns Leistungen als Komponist und Dirigent würdigt er in „Felix Mendelssohn-Bartholdy zum 50. Todestag" (1897). Der sehr umstrittene Nachruf auf „Anton Bruckner" (1896) zeigt Heubergers undiplomatische Art besonders deutlich. Es folgt der Nachruf auf „Johannes Brahms" (1893) und schließlich die Untersuchung über „Das Gralmotiv im ‚Parsifal'", dessen Herkunft aus der katholischen Liturgie und seine Verwendung in Mendelssohns „Reformationssymphonie" (mit Notenbeispielen).

Eine musikwissenschaftlich anerkannte Leistung gelingt Heuberger mit seiner Schubert-Biographie, die in Heinrich Reimanns Sammlung „Berühmte Musiker. Lebens- und Charakterbilder nebst Einführung in die Werke der Meister" im Jahre 1902 als Band 14 erscheint. Otto Erich Deutsch erwähnt in der Einleitung seines Werkes „Franz Schubert. Die Dokumente seines Lebens", dass Heuberger in seinem Buche zum ersten Mal drei unbekannte Schubert-Dokumente veröffentlicht hat. Zum ersten Mal wird auch in Heubergers Buch das lange Zeit verzerrte Schubert-Bild zurechtgerückt. Erst O. E. Deutsch und die Veröffentlichungen des Schubert-Jahres 1927 gehen diesen Weg weiter.

Erwähnt wurde bereits die Sammlung „Volkslieder aus Steiermark mit Melodien", die in Zusammenarbeit mit Peter Rosegger entsteht und bereits 1872 bei Gustav Heckenast in Pest erscheint.

Vom „Musikbuch aus Österreich" redigiert Heuberger die Jahrgänge 1904–1906. Es ist dies ein Jahrbuch der Musikpflege in Österreich und den bedeutendsten Musikstätten des Auslandes, erschienen im Verlag Carl Fromme.

*Schriftsteller und gefürchteter Kritiker*

*Titelseite der Schubert-Biographie, 1902*

Aus Heubergers Tätigkeit als Lehrer am Konservatorium der Gesellschaft der Musikfreunde in Wien, der späteren Musikakademie, erwachsen zwei didaktische Werke: die „Anleitung zum Modulieren" (erschienen im Februar 1910) und die „Theorie des Kontrapunktes und der Fuge von L. Cherubini", die er unter Zugrundelegung der Ausgabe von Gustav Jensen (1896) neu bearbeitet (herausgegeben bei Leuckart, Leipzig 1911).
Im Vorwort zu seiner Modulations-Anleitung schreibt Heuberger:

*„... Ich weiß sehr gut, dass Modulieren – in letzter Linie – Talentsache ist. In diesem Heftchen wird aber doch eine Anzahl mehr oder weniger handwerksmäßiger Methoden – ich möchte sie fast Rezepte nennen – mitgeteilt, die dem Begabten im Anfang, dem weniger Begabten wohl auch späterhin gute Dienste leisten werden.*
*Die Bevorzugung der Modulation mittels Dreiklängen wird der Lehrer sehr gut verstehen. Sie bilden die Grundlage der ganzen Lehre.*
*Über die künstlerische Weiterführung des hier angebahnten Weges? – Goethe sagt irgendwo, dass man ‚vom Handwerk zur Kunst' emporsteigen könne, ‚von der Pfuscherei nie'. – Also: Pflegen wir das Handwerk!"*

# Heuberger
# und die Oper

Erst mit der Meister-Operette „Der Opernball" bahnt sich Richard Heubergers Begabung für das Musiktheater den Weg zum Welterfolg. Viele Anläufe und Umwege gehen dem voraus. Schon in Heubergers jugendlichen literarischen und musikalischen Versuchen zeigt sich sein lebenslanger Drang, Gültiges für die Bühne zu schreiben. Erst nach einigen nicht ganz geglückten Versuchen mit der pathetisch-dramatischen Oper zeigt sich immer mehr seine ureigenste Begabung: das leichte musikalische Lustspiel im Konversationston.

Heuberger hat dabei ganz klare Vorstellungen von der Beschaffenheit von Libretto und Musik. Ihm schwebt ein musikalisches Lustspiel höchster textlicher Qualität vor, ein Mittelding zwischen komischer Oper und Operette in modernem Milieu und im „Konversationsstil", wie sie später Richard Strauss in seinen Opern „Capriccio", „Arabella" u. Ä. auf die Bühne gebracht hat.

Schon lange vor seinen großen Operettenerfolgen ist Heuberger der festen Überzeugung, dass es zwischen den „Italienern" und der „Lindwurm-Partei" noch eine Publikumsschicht geben müsse, die nach einer deutschen Lustspieloper des feinen Stils, einer Konversationsoper oder einer Operette auf höchstem Niveau verlangt.

Wie er sich solche Bühnenstücke zum Unterschied von Operetten im landläufigen Sinne vorstellt, darüber äußert sich Heuberger in Briefen, Aufsätzen und Feuilletons. Folgendes liest man in einer undatierten handschriftlichen Aufzeichnung des Komponisten, die sich im Besitz der Familie befindet: „... *Heiter und gra-*

*ziös sollten sie sein und sind zumeist ordinär, dumm und lasziv. Es wäre aber gar wohl möglich, das Genre im Bereiche des Heiteren und Graziösen zu halten und da zu einer wahrhaften Kunstgattung auszubilden. Eine Handlung mit guten komischen Situationen wäre allerdings Grundbedingung. Ist diese Handlung dem modernen Leben entnommen, umso besser. Da ließe sich nebenbei auch noch das Polemische mit Glück verfolgen, die Satire auf politische und gesellschaftliche Schwächen und Mängel. Leuten mit Geist würde es an Stoff sicherlich nicht fehlen! ...*

*Der enormen Schwierigkeit, dramatische Musik zu schreiben, sind sich manche nicht bewusst; sie meinen, es gehe noch ganz gut mit den alten, abgedroschenen Liedchen und Tänzchen. Die letzten 30–40 Jahre, die uns Wagners an Mozart anknüpfende Reform und die ganz moderne Bewegung in der Dichtkunst brachten, hat die Mehrzahl der Librettisten und Musiker verschlafen! ...*

*Ich meine nun nicht, dass man sich in der Operette der Form des Musikdramas völlig anschließen könne, aber eine wesentliche Annäherung daran ist unumgänglich nötig; vor allem durchaus dramatische Auffassung und Komposition des Textes, eine reichere Durchbildung des Orchestralen, eventuell die Benutzung des Leitmotivs, welchem wohl kein Theatermusiker von heutzutage entraten kann. Die geschlossenen Formen des Liedes, des Chores, des Ensembles kämen ja, da man auf Dialog niemals wird verzichten können und sich dadurch schon eine Abgrenzung für die Musik ergibt, noch immer zu ihrem Recht."*

Schon im September des Jahres 1879 beginnt der Komponist die Arbeit an seiner ersten vollständigen Oper, „Die Abenteuer einer Neujahrsnacht".

Wir wissen bereits, dass er die Ouvertüre und Teile daraus Franz Liszt in Pressburg vorspielt, der vor allem an der Ouvertüre sein Gefallen findet. Dennoch kann Heuberger die Annahme dieser komischen Oper an einer großen deutschen Bühne nur unter enormen Schwierigkeiten erreichen. Otto Dessoff, Kapellmeister in Wien, dann Karlsruhe und schließlich in Frankfurt a. M., dem Heuberger die Opernpartitur zur Ansicht und Beurteilung schickt, kritisiert auf kollegiale Art das Werk und überredet Heuberger schließlich zu einer Überarbeitung des Schlusses.

Ernst Schuch, der am Hoftheater zu Dresden wirkt, hat rund neun Jahre später Gelegenheit, die Partitur zu studieren. Auch er äußert sich über den 3. Akt sehr kritisch. Der Komponist schreibt an den ihm bereits wohl bekannten Dichter Paul Heyse und bittet um Vermittlung. Er möchte mit der Münchner Oper und speziell mit dem Dirigenten Hermann Levi, dem ersten Bayreuther „Parsifal"-Dirigenten, Kontakt aufnehmen. Doch Heyse winkt ab. *„Wir stecken über beide Ohren in der Bayreutherei ..."*, heißt es in einer Postkarte vom 14. 3. 1882.

Endlich wird 1885 Heubergers Erstlingsoper von Arthur Nikisch am Leipziger Stadttheater angenommen und am 13. 1. 1886 uraufgeführt.

Max Stägemann, der Direktor, ist mit Brahms befreundet und hat diesen aufgefordert, die Oper anzuhören. Heuberger hat ja vor Jahren gleich nach Beendigung der Partitur und des Klavierauszuges, 1882, Brahms die Oper vorgespielt. Dieser lobt die Arbeit und äußert sich auch nach der Aufführung positiv.

Die Handlung dreht sich um einen Faschingsscherz. Prinz Julian tauscht mit dem Nachtwächter die Kleider, wodurch der Nachtwächter auf einen Maskenball bei Herzog Hermann gerät, während der Prinz in dessen Kleidern allerhand Unfug verübt. Gleichzeitig treten Liebesbeziehungen beider verändert in Erscheinung: der Prinz nähert sich Röschen, der Braut des Nachtwächters, dieser der Gräfin Bonau, um die Julian seit langem wirbt. Das lustige Durcheinander wird noch unverständlicher durch zwei weitere Verehrer der Gräfin, den Herzog und den Pagen Lucian. Darunter leidet auch musikalisch das zweite Finale.

Das Werk wird unterschiedlich aufgenommen; fast zukunftsweisend nennt es die Leipziger Presse. Nahezu alle dortigen Berichterstatter haben den Eindruck, dass Heubergers Begabung für die heitere Muse durch seine Erstlingsoper offenkundig wird. Bernhard Vogel in den „Leipziger Nachrichten" erkennt, dass Heubergers Talent etwas Höheres biete als Operette gemeinhin. „… *Gerade in der musikalischen Konversation, in der geistvollen Fortspinnung des musikalischen Fadens liegt Heubergers Hauptstärke.*" Er lobt auch die Instrumentation und meint: „… *Das Werk ist eine der bestklingendsten und angenehmsten Opern der letzten zehn Jahre.*" Die „Leipziger Musik- und Kunstzeitung" nennt Heubergers Musik mit Recht „aristokratisch".

Trotzdem wird die Oper in Leipzig nur viermal wiederholt. Auch eine textlich und musikalisch umgearbeitete Oper bringt in Hannover 1887 unter Ernst Franks Leitung nur einen Achtungserfolg. Erst 1893 kommt es in Braunschweig nach Neufassung des Textes durch Richard Genée, den Librettisten von „Boccaccio", „Fledermaus" und „Bettelstudent", zu recht erfolgreichen Aufführungen. In Wien kommt es nie zu einer Aufführung, obwohl Johann Nepomuk Fuchs, Kapellmeister an der Hofoper unter Direktor Wilhelm Jahn, die Musik sehr lobt.

Für die „Abenteuer einer Neujahrsnacht" interessiert sich auch Gustav Mahler, den Heuberger damals oft und gerne „journalistisch unterstützt". Mahler findet die Oper „*wirklich reizend*" und will sie, „*sowie es in seiner Macht steht, zu Ehren bringen*". Mahler war 1891 an der Oper in Hamburg bei Pollini, vorher unter Stägemann mit Nikisch in Leipzig.

Immerhin lenken die Achtungserfolge seiner ersten Oper die Aufmerksamkeit des musikalischen Europa auf den Komponisten, und es kommt zu einer Reihe von erfolgreichen Aufführungen seiner Werke.

Die Suche nach einem geeigneten Opernstoff lässt Heuberger nicht zur Ruhe kommen. Ein umfangreicher Briefverkehr mit dem Schweizer Dichter Josef Viktor Widmann (1886) hat zur Folge, dass dieser dem Komponisten ein Libretto verspricht. Widmann schlägt vor, Don Pedro de Alarcóns Novelle „El niño de la bola" (Das Kind mit der Weltkugel) zu einer Oper „Manuel Venegas" zu gestalten.

Manche Stoffe liegen förmlich in der Luft. Einige Jahre später (1895) komponiert Hugo Wolf seinen „Corregidor" und 1897 sein Opernfragment „Manuel Venegas".

„Manuel Venegas" wird ein Misserfolg. In einer Karte an seinen Freund Wilhelm Kienzl vom 14. 6. 1889 beklagt sich der Komponist, dass seine Oper in Leipzig ruiniert worden sei, *„als Opfer des Zwistes zwischen Direktor, Kapellmeister und Kritik".*

Der Hauptgrund des Misserfolges ist jedoch ein anderer. Die Musik Heubergers ist vornehm, gebildet und meisterlich gearbeitet, aber nicht opernhaft zündend. Es fehlt der große dramatische Melodiebogen, wie er einem Verdi so hinreißend geglückt ist.

Richard Heuberger bemüht sich um eine Überarbeitung seines „Manuel". Nach einem Briefwechsel mit Ludwig Ganghofer wird das Buch dramaturgisch von Grund auf verbessert; die neue Fassung erhält den Titel „Mirjam" und schließlich „Das Maifest". Auch die Personen der Handlung werden grundlegend verändert.

Heuberger spielt Direktor Jahn schon am 5. 4. und 8. 4. 1892 den 1. und den 2. Akt vor. Jahn nimmt die Oper an und am 20. 1. 1894 findet die erste Aufführung statt.

Es kommt aber nur noch zu weiteren sechs Aufführungen. Vielleicht hätte sich das Werk trotz geteilter Kritikermeinungen länger gehalten, wäre es nicht mit Hans Richter zu einer Auseinandersetzung gekommen. Robert Hernried, der schon öfters erwähnte Freund und Schüler Heubergers, schreibt darüber Folgendes: „... *Im März 1892 fand ein starker Zusammenstoß zwischen Heuberger und Richter statt. Heuberger hatte nach der Aufführung der ‚Venezianischen Szenen' von Pirani das System der Philharmoniker beim Prüfen von Novitäten als ‚Alfanzerei'* (= Narretei) *und ‚Mausefalle' bezeichnet, da die übliche Abstimmung der Orchestermitglieder gerade bei Piranis Werk unterblieben war. Hans Richter veröffentlichte darauf im ‚Wiener Tagblatt' eine Erwiderung, wurde aber durch eine Replik Heubergers glänzend abgeführt. Es ist nicht nachweisbar, wenn auch naheliegend, dass diese Verstimmung in Richter nachgewirkt hat ..."*

Am Tage der Uraufführung meldet sich der Dirigent krank, Heuberger übernimmt sofort ohne Probe die Leitung und bringt es unter höchster Nervenanspannung zu einer hervorragenden Dirigentenleistung, über die die gesamte Presse ungeteilter Meinung ist. Die Kritiker schreiben begeistert über Heubergers Dirigentenfähigkeiten, egal wie sie zur Oper selbst Stellung beziehen. Ignaz Brüll lobt in einem Brief an den Komponisten die Aufführung. Er spricht von dramatischer Kraft, stilistischer Einheitlichkeit, musikalischer Schönheit ohne Effekthascherei, ausgezeichneter Orchesterbehandlung „... *Und wie Sie dirigieren!"*

Die großen liberalen Zeitungen äußern sich sehr scharf gegen das Werk. Sie werfen Heuberger antisemitische Tendenzen vor. Ganghofer hat bei seiner Überarbeitung des Textes wohl die Figur des Bösewichtes im Stück einem Juden zugedacht – einem höchst bühnenwirksamen, rachsüchtigen Shylock-Typ, wie ihn schon Shakespeare auf die Bühne brachte –, hat aber gleichzeitig der zweiten jüdischen Männergestalt die edelsten, idealsten und sympathischsten Züge verliehen, wie man sie nur noch bei Lessings

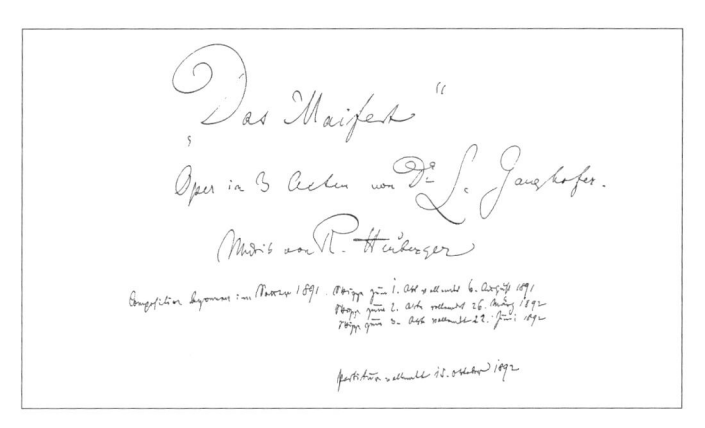

*Titelseite des Particells zur Oper „Das Maifest" (Autograph)*

*„Brautchor", Beginn 2. Akt der Oper „Das Maifest"*

„Nathan" findet. Wahrscheinlich dürften große Striche bei der Aufführung dieses „menschliche Gleichgewicht" gestört haben.

Richard Heuberger lässt sich – ähnlich wie Johannes Brahms – in seinen Tagebüchern oft zu Äußerungen hinreißen, die uns heute, da wir diesbezüglich sensibler geworden sind, antisemitisch erscheinen. Äußerungen dieser Art finden wir vor allem dann, wenn Künstlerneid eine Rolle zu spielen scheint. So heißt es zum Beispiel in der Tagebucheintragung vom 1. 7. 1902 angesichts der Begleitumstände seines Rücktritts aus dem Team der „Neuen Freien Presse". „*... Es ist ein Erfolg der jüdischen Clique Adler, Mahler, Hanslick ...* "

Der Komponist wendet sich mit solchen Äußerungen keinesfalls gegen die Juden als Volk oder gegen die jüdische Religion, gehören doch einige seiner Freunde dieser an. Er meint damit vielmehr das „kulturelle Judentum" im damaligen Wien, das in der Tat eine große Macht darstellt. Heuberger rennt in seiner undiplomatischen Art oft dagegen an und beklagt sich danach manchmal auf recht ungerechte Art und Weise.

Von wirklich antisemitischem Gedankengut distanzieren sich sowohl Heuberger als auch Johannes Brahms sehr deutlich und in entschiedenster Weise. In seinem Brahms-Tagebuch erzählt Heuberger in der Eintragung vom 16. 5. 1895, dass er am 15. 5. abends – wie jeden Tag in letzter Zeit – mit Brahms, Mandyczewski, Miller zu Aichholz, Door, Epstein u. a. im „Igel" gegessen habe. Brahms ist ganz entsetzt darüber, dass bei den offiziellen Stellen der Stadt Wien die Antisemiten die Oberhand bekommen haben, dass Lueger Vizebürgermeister geworden ist und wohl recht bald Bürgermeister sein wird. Brahms: *„Habe ich Ihnen nicht schon vor Jahren gesagt, dass es so kommen wird? Sie haben mich damals ausgelacht und alle andern auch. Jetzt ist es da und damit auch die Pfaffenwirtschaft. Gäbe es eine ‚Antipfaffenpartei' – das hätte einen Sinn! Aber Antisemitismus ist Wahnsinn! ...* "

Obwohl Richard Heuberger nach diesen Misserfolgen sehr bald seine wahre Begabung entdeckt und sich bei seinen Bühnenwerken vorzüglich der „leichten Muse" zuwendet, lässt ihn sein Ehrgeiz nie zur Ruhe kommen. Noch zweimal versucht er sich an Opernstoffen.

Im Mai 1903 beginnt der Komponist mit der Komposition einer neuen Oper. Nach Berthold Auerbachs Erzählung „Barfüßele" schreibt ihm Viktor Léon ein gleichnamiges Libretto, das aber nicht die Atmosphäre der Dichtung trifft und außerdem in weiten Teilen dramaturgisch wirkungslos bleibt. In wenigen Monaten ist die Komposition fertig. Sie wird jedoch im Sommer 1904 zum Teil umgearbeitet und während Heubergers Aufenthalt in St. Louis instrumentiert.

„Barfüßele" ist eine echte Volksoper mit ambivalentem Charakter. Einerseits wurzelt sie spürbar in der steirischen Volksmusik, andererseits zeigen die durchkomponierten Teile alle Merkmale der Harmonik der Jahrhundertwende und nachwagnerianischen musikalischen Bühnensprache.

Die Oper besteht aus einem Vorspiel (5 Szenen), dem 1. Bild (13 Szenen) und dem 2. Bild (18 Szenen). Alle Szenen sind größtenteils durchkomponiert, abgesehen von den eingelegt wirkenden volkstümlichen „Nummern". Immer wieder erkennen wir ganz deutlich die leitmotivische Arbeit des Komponisten, Choralmelodien werden einbezogen und motivisch verarbeitet, an wichtigen Stellen einer Szene drängen sich oft die Motive ganz eng zusammen. Wo es die Handlung erfordert, greift Heuberger Themen der österreichischen Volksmusik auf und stellt sie unvermittelt neben groß angelegte Gesangszenen, Duette und Ensembles im hoch- und spätromantischen Stile. Auch Einflüsse von Dvořák und Smetana sind an manchen Stellen deutlich spürbar. Die Gesangspartien stellen höchste Ansprüche an die Musikalität und an den Stimmumfang der Interpreten.

Interessant ist vielleicht eine Parallele zu „Ariadne auf Naxos" von Richard Strauss. Was Strauss Jahre später Ariadne und Bacchus im großen Schlussduett singen lässt („Ich sage dir, nun hebt sich erst das Leben an ..."), finden wir in der Gesamtstimmung und inhaltlich in ähnlicher Form wieder im Duett des 2. Bildes zwischen Amrei und Johannes, dem Liebespaar der Oper: „Mich hat's nicht gereut, stürb' ich gleich dafür ..." – „Was? Sterben? Jetzt geht das Leben erst an für uns, für uns zwei als Frau und Mann ..."

Kurz zum Inhalt der Oper: Dami und Amrei, die Kinder des Josenhannes, sind früh verwaist. Die Schulkinder des Dorfes spotten das Mädchen „Barfüßele", weil es nur ungern Schuhe anzieht. Die Landfriedbäurin nimmt sich der verwaisten Kinder an. Zwölf Jahre später ist Amrei Magd beim Rodelbauern und dessen Schwester Rosel, die wiederum den Bruder Amreis liebt. Während des St.-Pauli-Kirtages lernt Amrei Johannes, den Sohn der Landfriedbäurin, kennen. Die beiden verlieben sich, aber Johannes verlässt sie am gleichen Tag, weil er eine reiche Bäurin heiraten möchte. Ein Jahr später versucht der geschäftstüchtige Krappenzacher den Johannes, der noch immer auf der Suche nach der richtigen Frau ist, mit der Rosel vom Rodelbauernhof zu verkuppeln. Johannes findet aber auf diesem Hof seine Amrei wieder und lässt sie nun nicht mehr los. Auch vor den Eltern des Johannes zeigen sich deutlich die Qualitäten Amreis, und so wird auch das letzte Hindernis – das mangelnde Geld – durch geheime Schenkungen von allen Seiten aus dem Weg geräumt. Nachdem sich Dami, Amreis Bruder, der inzwischen ein Jahr beim Militär verbracht hat und mit hohen Auszeichnungen heimkehrt, mit Rosel ausgesöhnt hat, gibt es eine Doppelhochzeit. Vielleicht hat die kindhaft-treuherzige, echt volkstümliche Melodiebildung auf Leo Fall eingewirkt, dessen „Fideler Bauer" 1907 in Mannheim Premiere hat. Heubergers „Barfüßele" wird erst am 11. 3. 1905 in Dresden unter der Leitung von Ernst von Schuch aufgeführt mit Herrn Burian und Frl. Nast in den Hauptrollen. Rasch folgen Graz und Wien, dann Mannheim und Prag. In Wien dirigiert Zemlinsky „Barfüßele" in der Volksoper – damals noch „Kaiser Jubiläums Stadttheater". Eine verdreht weitergeleitete Aussage Zemlinskys führt zu einer Verstimmung zwischen den beiden befreundeten Komponisten. Zemlinsky klärt das Missverständnis in einem undatierten Brief, der auch noch andere interessante Informationen liefert:

*„Hochverehrter Freund,*
*die letzten Vorgänge, die Aufführung Deiner Oper betreffend, haben Herrn V. Léon Veranlassung gegeben eine von mir gelegentlich ausgesprochene Meinung über Dein ‚Barfüßele', für seine Zwecke absichtlich misszuverstehen und entsprechend zu entstellen. Ich fühle mich, gerade Dir gegenüber verpflichtet, diesbezüglich vollständige Klarheit zu schaffen. Ich habe in einem Gespräch mit Dr. Fell eine Äußerung über Dein Werk gethan, welche hauptsächlich unseren grundverschiedenen Standpunkt gegenüber der modernen Oper characterisirt hat, aber gar niemals eine missachtende oder ähnliche …*
*… Du erinnerst Dich auch, dass ich mich sehr auf das Studium der Oper gefreut habe, u. es ist mehr als kurios mir zumuten zu können, ich werde nicht das Werk mit größtem Fleiße, Begeisterung u. den mir gegebenen Talenten einstudiren! Habe ich Dir wahrscheinlich deshalb geraten, dass Du Dir eine genügende Probenzeit contraktlich ausmachen sollst!! Darüber kann ich überhaupt nichts mehr reden! –*
*Ich würde Dir außerdem in <u>Deinem eigenen Interesse</u> raten, die Oper auf keinen Fall am Theater an der Wien aufführen zu lassen: Diesem Theater hat man auch nicht ‚Die verkaufte Braut', ‚Boheme' etc. die alle da ihre Uraufführung u. in glänzender Besetzung hatten, geglaubt! Einem Operettentheater glaubt man eben nicht die Oper, u. es hat auch kein Publikum dafür! …*

*… Es wäre gut, wenn Du mit begrabener Streitaxt ins Theater kommen würdest – die Proben haben bereits angefangen – u. es wären doch tausend Sachen zu besprechen …"*

In „Barfüßele" finden wir wieder den von Heuberger gerne verwendeten, bereits einmal erwähnten „umgebogenen Leitton", der im Zenit des Melodiebogens absichtlich nicht wie erwartet zur Tonika führt, sondern „nach unten umbiegt" und dadurch eine unerwartete Spannung erzeugt. Wir werden ihm im berühmten Duett aus dem „Opernball" („Geh'n <u>wir</u> ins Chambre séparée …") wieder begegnen. Auch Lehár verwendet diesen melodischen Trick in seiner „Lustigen Witwe", die kurz nach „Barfüßele" entstanden ist („Hoppla, hoppla, <u>Rei</u>tersmann …").

Die „Lustige Witwe" hat übrigens eine interessante Beziehung zu Heubergers letztem Opernversuch, dem Einakter „Die letzte Nacht". Viktor Léon bringt Heuberger im Frühjahr 1905 ein neues Operettenlibretto. Es heißt „Die lustige Witwe" und ist von Léon gemeinsam mit Leo Stein verfasst worden. Was damit geschieht, lassen wir am besten Heubergers ersten Biographen, Robert Hernried, erzählen: *„Die Balkanfrage, die zu jener Zeit für Österreich die größte Bedeutung hatte, bot den Autoren Veranlassung zu einer Karikatur der Montenegriner. Neben dem slawischen Element war das französisch-pikante im Text vertreten, und deshalb schien das Buch den Autoren für Heuberger geeignet.*
*Auch Heuberger war der gleichen Ansicht, und so machte er sich denn mit vollem Eifer ans Werk, nachdem mit dem Theater an der Wien und dem Verleger Herzmannsky Verträge abgeschlossen worden und die Besetzung der Hauptrollen im voraus geregelt war.*
*Der Operettenstar Mizzi Günther und der singende Komiker Louis Treumann sollten die Hauptfiguren Hanna Glawari und den Gesandtschaftsattaché Grafen Danilo darstellen.*

*Die Komposition dieses Werkes war bis zum ersten Finale gediehen. Heuberger hatte seinem Librettisten Léon einzelne Nummern vorgespielt, der die Feinheit der Musik wohl erkannte, zugleich aber das Fehlen jedes slawischen Einschlages tadelte. Heuberger war aber zu ehrlich, um etwas anzustreben, was seiner (musikalischen) Natur wesensfremd war …*
*Léon hatte ohne Wissen Heubergers dem präsumptiven Darsteller der männlichen Hauptrolle, Louis Treumann, Gelegenheit gegeben, im Nebenzimmer zuzuhören, als Heuberger das bisher Geschaffene Léon nochmals vorspielte. Treumann erklärte, das slawische Colorit für seine Darstellung nicht missen zu können und so kam es dann zu einer erregten Auseinandersetzung zwischen Heuberger und den Textautoren Léon und Stein, die damit endete, dass die Librettisten das Buch zur ‚Lustigen Witwe' zurückforderten und Heuberger es zurückgab, nachdem ihm als Ersatz der Text zu einer ernsten, einaktigen Oper versprochen worden war. Die Verträge mit dem Theater an der Wien und dem Verleger wurden gelöst und – anderen Tages hatte Franz Lehár das Buch in Händen. Er scheint wohl im voraus als der ‚richtige' Komponist für den südslawischen Stoff erkannt worden zu sein …"* Schade, dass der Heuberger'sche erste Akt der „Lustigen Witwe" nicht mehr zu Vergleichszwecken herangezogen werden kann.

Dass Richard Heuberger den jungen Kollegen Franz Lehár durchaus als Operettenkomponisten schätzt, beweist der Brief an Dr. J. Just vom 10. 1. 1903. Er lehnt darin ein ihm vorgelegtes Operettenbuch ab. „*… Ich habe die ‚Hochzeitsnacht' sogleich gelesen und ich würde mit beiden Händen zugreifen, wenn ich überhaupt noch eine Operette schriebe. Das Buch ist ausgezeichnet! Ich bin das Treiben an der Operettenbühne, nicht die Operette satt. Ich will nichts mehr damit zu thun haben. Lehár, ein geistreicher Musiker, wäre der Mann für das famose Buch …"* Heubergers Beschluss, keine Operette mehr zu schreiben, hat später natürlich nicht gehalten. Es ist müßig, zu überlegen, ob sich Heuberger mit der Annahme des guten Buches der „Hochzeitsnacht" die Peinlichkeiten seiner letzten Operetten hätte sparen können.

Richard Heuberger stürzt sich nun mit Eifer über die Komposition des ihm angebotenen Stoffes mit dem Titel „1793", der später in „Die letzte Nacht" geändert werden sollte. Viktor Léon hat den Stoff Ernest Renans Schauspiel „L'Abbesse de Jouarre" entnommen. Man kann sich kaum einen größeren stofflichen Gegensatz denken, wie ihn der Einakter „Die letzte Nacht" zur weggelegten „Lustigen Witwe" darstellt. Die Handlung der Oper „Die letzte Nacht" spielt zur Zeit der Französischen Revolution. Die Szene stellt ein unterirdisches Gefängnis dar, das bestimmt ist, die zum Tode verurteilten Aristokraten aufzunehmen. Ein junger Edelmann, Gontran, wird eingeliefert, kurz nach ihm die Herzogin Edmée, die trotz ihrer 18 Jahre bereits Äbtissin eines Frauenstiftes ist. Zwischen beiden liegt das Drama unglücklicher und unerfüllter Liebe. Nun, im Angesicht des Todes, finden sie sich und Edmée gibt sich Gontran zu Eigen. Aus den Umarmungen der Geliebten führt man ihn zur Guillotine. Sie selbst verschmäht die ihr angebotene Begnadigung und folgt dem Geliebten in den Tod.

Das vollständig durchkomponierte Werk zeigt starke Anklänge an Wagner und Richard Strauss, veristische Züge erinnern an Puccini. Das Duett Edmée/Gontran steht in deutlicher „Tristan"-Nähe. Die Musik des Orchesterzwischenspiels symbolisiert die Vereinigung der Liebenden und ist der Vorläufer des „auskomponierten Orgasmus" (etwa) im „Rosenkavalier"-Vorspiel.

Die große, bedeutungsvoll dramatische Melodie bleibt Heuberger auch in diesem Werk versagt. Es wäre aber in seiner hinreißenden, temperamentvollen Tonsprache und seiner blendenden Instrumentierung gewiss lebensfähig. Richard Heuberger beginnt die Komposition Anfang Juli 1905 und vollendet sie am

18. August desselben Jahres. Er reicht sie gleich Gustav Mahler für die Wiener Hofoper ein, doch noch am Silvesterabend des Jahres 1905 sendet sie Mahler mit ablehnendem Bescheid zurück. Heuberger erlangt schließlich eine Annahme der Oper in Dresden, die Aufführung aber wird durch ein Verbot der Zensur unmöglich gemacht. Die Figur der Äbtissin, die im Angesicht des Todes das Gelübde der Keuschheit bricht und dann begnadigt wird, gilt für die Dresdner Zensurbehörde – und in den nächsten Jahren auch für die Zensurstellen anderer Bühnen – als moralschädigend.

1913 wird ein Vertrag mit der Wiener Volksoper abgeschlossen, aber auch hier siegt die Zensur. So bleibt das Werk bis heute unaufgeführt und wartet auf eine mutige Bühne, die sich über die Sensation einer „Welturaufführung" dieses Heuberger'schen Operneinakters wagt.

# Der Weg zur heiteren Muse

Die folgenden Jahre bilden den Höhepunkt im Schaffen des Tondichters. Er ist noch immer auf der Suche nach einem guten Opernstoff. Besonders würde ihn eine *„feine Operette für die Hofoper"* interessieren, wie er Hugo Wittmann im Brief vom 8. 6. 1890 schreibt und diesen gleichzeitig um ein Libretto anfleht. Heubergers offenbar vorbestimmter Weg zur heiteren Muse führt aber vorerst über zwei wichtige Stationen: seine beiden Ballette, „Die Lautenschlägerin" und „Struwwelpeter".

„Die Lautenschlägerin" entsteht 1894/95. Die Uraufführung in Prag am 4. 10. 1896 leitet Arthur Nikisch, ein Freund Heubergers. Ernst Schuch verspricht schon 1894/95, sich für das Werk in Dresden einzusetzen. Eine Dresdener Aufführung kommt aber nicht zustande. Felix Mottl findet 1895 die Partitur reizvoll und hofft auf eine Annahme im Theater in Karlsruhe, wo er als leitender Kapellmeister wirkt. Auch Hans Richter will sich im November 1896 – nach der Prager Uraufführung – das Werk „persönlich vorstellen" lassen.

Der Text zu diesem Ballett stammt von H. Regel. Wie schon in Suppés „Schöner Galathee" und Delibes' „Coppelia" handelt es sich um das Pygmalion-Motiv. Ein Bildhauer verliebt sich in eine schöne Amerikanerin, das Modell seiner „Lautenschlägerin". Er wird jedoch vom Vater des Mädchens abgewiesen und zerstört seine Statue. Im Garten des Vaters werden diesem nun die Liebesqualen des unglücklichen Bildhauers durch ein Spiel vor Augen geführt. Doch erst durch die Entführung des Mädchens in das Atelier des Geliebten kann der Widerstand des Vaters gebrochen werden.

Robert Hernried, Heubergers allererster Biograph, sieht ebenfalls in diesem Werk einen Schlüssel zur weiteren Entwicklung des Komponisten: *„Der Text ist poetisch. Er weicht von dem Unsinn der damals üblichen Ballett-Texte ab, bietet aber durch die Feinheit seiner Gestaltung keine starke Publikumswirkung, zudem wird die schmale Handlung durch Dehnung in drei Aufzüge ihres Effektes beraubt. Trotz mancher Vorzüge kann der Text an die Musik, die Heuberger hierzu geschrieben hat, nicht heranreichen. Eine Fülle feiner und reizvoller Einfälle drängt sich in diesem Werk zusammen und offenbart zum ersten Male untrüglich seine Begabung für das Heitere und Graziöse …"*

Der aufmerksame Betrachter von Heubergers Werken muss hier allerdings Hernried widersprechen: Anzeichen dieser ureigensten Begabung Heubergers reichen viel weiter zurück, bis in die Jugendwerke. So findet man gleich im Vorspiel des 1. Bildes einen hübschen langsamen Walzer in B-Dur aus einer Walzerkette Heubergers von Ende 1868! (Dort steht er allerdings in A- Dur.) Er lässt in seiner Diktion schon sehr die Heuberger'schen Operetten vorausahnen. Auch die Walzerkette aus der Zwischenmusik zum 2. Akt ähnelt in ihrem thematischen und rhythmischen Material bereits sehr den Walzern des „Opernballs". In der Serenade in F-Dur, 6/8-Takt, finden wir erneut den bereits erwähnten „umgebogenen Leitton", den ich an geeigneterer Stelle ausführlicher erklären möchte.

Das Prager Publikum ist verwirrt durch die völlige Abkehr vom bekannten Ballettstil, würdigt zwar Heubergers graziöse Musik, verhilft dem Komponisten jedoch nicht zu dem erhofften Durchbruch.

„Seinen lieben Kindern" widmet Richard Heuberger sein zweites großes Ballett „Struwwelpeter". Die Uraufführung am 5. 1. 1897 in Dresden leitet Ernst von Schuch. Auch an der Wiener

Hofoper ist das Interesse sehr groß. Direktor Jahn erbittet bereits in einem Brief an den Komponisten vom 6. 9. 1895 das Textbuch des Balletts, damit er beim Vorspieltermin Heubergers über den Stoff unterrichtet ist.

Die Musik ist ansprechend und mit großer Kunstfertigkeit gemacht und wie das bekannte Kinderbuch märchenhaft naiv, einerseits für ein Kinderpublikum gedacht (der damaligen Zeit, wohlgemerkt!), andererseits bemüht sich Heuberger, durch zahlreiche Parodien und Anspielungen in der Musik auch die erwachsenen Musikkenner zu amüsieren. So findet dieser unter anderem Zitate aus Wagners Oper „Der Fliegende Holländer", aus einem Walzer von Tschaikowsky, aus Mahlers „Lieder eines fahrenden Gesellen", aus Wagners „Rheingold", Wotans Erwachen, aus dem „Abendsegen" in Humperdincks „Hänsel und Gretel" usw. Den Teufel lässt Heuberger mit einem Bruckner-Motiv erscheinen, und er malt das Aufsteigen der Sonne im Stile von Richard Strauss.

Direktor Jahn nimmt das Werk für Wien an. Als Gustav Mahler mit 8. 10. 1897 seine Stellung als Direktor der Wiener Hofoper antritt, muss er vorerst einmal Jahns „Erbschaft" erfüllen und den „Struwwelpeter" am 8. 1. 1898 aufführen, als Einakter, gemeinsam mit einem weitaus wirksameren Einakter, Mascagnis „Cavalleria Rusticana". Ein größerer Gegensatz lässt sich kaum vorstellen. Und so wird das Werk von der Kritik auch extrem unterschiedlich aufgenommen. Das „Struwwelpeter"-Jahr 1898 ist gleichzeitig das Jahr des größten Triumphes Richard Heubergers, das Jahr, in dem er den Gipfel seiner Popularität erreicht, das Jahr seiner Operette „Der Opernball".

Zunächst setzt uns die Tatsache in Erstaunen, dass ein ernsthafter Musiker wie Richard Heuberger, der sich auf den Gebieten der Chormusik und des Liedes einen Namen gemacht hat, dessen „Schubert-Variationen" und dessen „Nachtmusik" große Erfolge

*Der Weg zur heiteren Muse*

*Pressehinweis auf das Ballett „Struwwelpeter", 1898*

sind, der neben Eduard Hanslick in Wien einer der ganz bedeutenden Musikkritiker ist, dass Heuberger sich für die „liederliche" Kunstgattung der Operette interessiert. Ist es ein Versuch des Komponisten, nach seinen Misserfolgen auf dem Gebiet der Oper doch noch – vielleicht auf billige Weise – zu Bühnenerfolgen zu kommen? Wenn solch bösartige Unterstellungen auch in manchen populärwissenschaftlichen Schriftwerken angedeutet werden, so weiß jeder, der den Charakter des Komponisten nur einigermaßen kennen gelernt hat, dass man diese Frage mit gutem Gewissen verneinen darf.

Bei genauerem Studium seiner Werke bis zum Jahr 1895 wird immer wieder ein Zug zum Heiteren, eine Vorliebe für feine Komik – nie für das Ordinäre – in seiner Musik deutlich. Dies zeigt sich vor allem in melodischen Wendungen, in parodistisch-karikierenden Motiven oder ganz einfach im sorglos frechen Schwung seiner stets gekonnt keck instrumentierten Musik.

Erkennt man diesen charakteristischen Zug Heubergers, dann ergibt sich klar, dass seine Hinwendung zur „leichten Muse" anlagebedingt ist und sich organisch entwickelt hat. Sein extrem vielseitiges Interesse konnte die Gattung Operette gar nicht ausschließen. Edmund Nick findet in seinem Buch „Vom Wiener Walzer zur Wiener Operette" (1954) für den Operettenstil Heubergers besonders hübsche und gut charakterisierende Worte:

*„Diese Musik schäumt leicht und lächelnd auf, perlend und in feinsten Spritzern verstäubend wie Mousseux eines erlesenen Sekts in kristallener Schale. Durch ihre spielerisch tändelnde Grazie hindurch war ein Ton süß erregender Sinnenlust spürbar, der nur mit zärtlichem Geflüster leichtsinnig lockte, wo andere, erfahrenen Verführern gleich, bewusst brünstig drängten. Ein neues Genre, die intime Operette, war geboren. Unmerklich diskret wendet das Parlando ihrer*

*Worte sich in den Gesang, der Gesang sich zum Tanz. Heubergers Walzer blühen wienerisch weich und liebesselig auf, aber es sind keine Walzerreißer, bei denen man sich um Kopf und (Steh-)Kragen tanzt …*

*Nervös verfeinerte Harmonien, verwirrend chromatische Rückungen, plötzlich angespielte Terzverwandtschaften, eigenartige Nonenschritte der Melodie, virtuos rasende Achtelrhythmen und helle Farben …"*

Das sind die Kennzeichen von Heubergers neuem Operettenstil. Man kann es nicht deutlich genug sagen – allen Hinweisen auf die rein äußerliche „Fledermaus"-Nähe zum Trotz: Mit dem „Opernball" betrit Richard Heuberger Operettenneuland. Sein Werk unterscheidet sich von den Operetten vor und nach ihm in einigen wesentlichen Punkten:

1. Der „Opernball" ist der bewusste Versuch, die Gattung Operette vor dem Abgleiten ins musikalisch allzu Seichte zu retten, wohin sie nach Johann Strauß geraten war.
2. Ein gehobener Lustspielton in Libretto und Musik wird angestrebt.
3. Mit seinen stilisiert wirkenden Walzern und Tänzen zeigt Heuberger nicht ein Unvermögen, „Reißer" zu schreiben, sondern zielt bewusst auf den Ausdruck einer „Fin de Siècle"-Stimmung.
4. Für die ganz spezifische Eigenart dieser Operette steht als Beispiel die fein pointierte Instrumentation des „Opernballs". Dabei ist es egal, ob sie nun von Heuberger selbst oder von dem beim Instrumentieren nach Heubergers Angaben mithelfenden Alexander Zemlinsky stammt.
5. Eine einheitliche Grundstimmung ist gegeben. Es gibt keinen „tragischen Umschwung" im 2. Finale.

6. Die stilistische Einheit bleibt gewahrt. Es gibt keine Anleihen bei der „großen Oper".
7. Die feinnervige und vorhaltsträchtige Harmonik stützt sich auf die neuen harmonischen Erfahrungen und Entwicklungen seit Richard Wagner.
8. Themen und Motive werden sinfonisch behandelt und verarbeitet.
9. An Stelle vordergründiger populärer Vorstadtmelodik finden wir zumeist fein ziselierte Melodiebögen, sorgfältig gebaut, oft in der typisch Heuberger'schen unsymmetrischen Bauweise, eingebettet in ein das melodische Geschehen tragendes Orchester.
10. Heuberger verwendet gemäßigte Leitmotivtechnik und baut Elemente der musikalischen Konversation ein, wie man sie schon im „Falstaff" Giuseppe Verdis und später, lange nach Heuberger, in den Konversationsopern von Richard Strauss findet. Hier liegen die Grenzen von Heubergers Idee. Er überschätzt die musikalische Bildung der Operettenbesucher in ihrer Mehrheit. Die gewollten Wirkungen gehen am Publikum vorbei. Wie dem auch sei, man kann Heuberger als den Schöpfer der „Konversationsoperette" bezeichnen.
11. Heubergers Operette fordert gute Schauspieler, die gleichzeitig gute Sänger sein müssen, ja sogar über Opernstimmen verfügen sollten. Und das gilt nicht nur für die Protagonisten, sondern auch für die Nebenrollen.

In manchen dieser Kennzeichen von Heubergers neuem Operettenstil liegen jedoch bereits die Wurzeln des Scheiterns seiner Idee. Es sind einerseits musikalische, andererseits persönliche, aber auch soziologische Faktoren, die in komplexer Weise zusammentreffen und dadurch diesem Genre die Kontinuität rauben müssen, wie das schon Otto Keller in seinem Buch „Die Operette in ihrer geschichtlichen Entwicklung" (1926) richtig beurteilt.

Heuberger „jongliert" zu sehr mit seinem Können, schreibt „Kunststücke", die dem Publikum selten ins Bewusstsein gerückt werden, während dieses nur das „Lustige" und den „Schlager" sucht.

Heuberger produziert zu schnell neue Operetten derselben Art. Das Publikum wird durch die neuen Tanzoperetten, durch die melodramatischen Operetten eines Franz Lehár mit seinen unwiderstehlichen „Hits" mehr und mehr abgelenkt von der unaufdringlichen Feinheit der Heuberger'schen Konversationsmelodik.

Und schließlich ein gewichtiger Fehler Heubergers: Nach dem Erfolg des „Opernballs" und dem Teilerfolg der Operette „Ihre Excellenz" wird ihm immer wieder die Wahl der Librettisten zum Verhängnis.

Mit der Meisteroperette „Der Opernball" aber hat Heuberger immerhin durch seine schöpferische Kraft auch seiner Idee zu einem unsterblichen Erfolg verholfen.

# Im Zenit –
# „Der Opernball"

Aber wenden wir uns nun diesem berühmtesten Werk Richard Heubergers zu.

Aus einer handschriftlichen Aufzeichnung des Komponisten, die wahrscheinlich für einen Zeitungsartikel gedacht war, stammen folgende Erinnerungen:

*„Meine Operette ‚Der Opernball' hat nicht nur während ihrer Rundreise über die Bühnen ihre Schicksale gehabt, sondern – und nicht gerade die freundlichsten – vor dieser, vor der Premiere, ja, vor ihrer Entstehung. Der Plan, das Lustspiel ‚Die rosa Dominos' einer Oper oder Operette zugrunde zu legen, ging gleichzeitig von Herrn von Waldberg und mir aus. Ich hatte ihn zur Besprechung einer Angelegenheit dieser Art in ein Kaffeehaus der Inneren Stadt Wien gebeten und war mit der von meiner Frau besonders lebhaft genährten Absicht gekommen, ihm ‚Rosa Domino' vorzuschlagen. Als von Waldberg kam – er hatte noch nicht seinen Rock abgelegt – , sagte er auf meine Anregung, ohne dass ich ihm das Stück genannt hätte: ‚Ich weiß nur eins: Rosa Domino!' Die Sache war entschieden.*

*Von Waldberg lieferte bald genügend Text; ich begann eifrig zu komponieren. In der Zeit von Ende Juni 1895 bis Januar war die ganze Musik (ohne die nachträglich gemachte Instrumentation) fertig. Ich arbeitete mit wahrer Freude und meist mit Glück. Nur einzelnes wollte nicht recht werden. So die in letzter Stunde geschaffene Tanzszene im 2. Akt, namentlich aber die Nummer, die dann das meiste zum Erfolg der Operette beitrug: Das Duett ‚Im chambre séparée'. Ich hatte dieses Stück zehn-, zwanzig-, dreißigmal entworfen, mehrmals auch ganz ausgeführt. Endlich – an einem entsetzlich heißen Sommertag – schrieb ich in ein paar Minuten das Stück hin, wie es steht. In ähnlicher Weise, in einem Stück geschrieben, entstand auch die Ouvertüre, die sich auch längere Zeit nicht formen wollte ..."*

Eine gänzlich andere, weniger glaubwürdige Version der Entstehungsgeschichte des „Chambre-séparée-Duetts" erzählt der berühmte Konzertgeiger und Komponist Fritz Kreisler (bekanntestes Werk: die Operette „Sissy") seinem Biographen Louis P. Lochner in Interviews:

*„... Eines Tages tauchte Heuberger ziemlich erregt mit der Partitur seiner Operette „Der Opernball" an unserem Stammtisch auf.* [Gemeint ist der Künstlerstammtisch im Café Griensteidl, bekannt unter dem Spitznamen „Café Größenwahn", im 1. Bezirk, Michaelerplatz/Ecke Herrengasse.] *Das Werk enthält, neben vielen anderen Melodien, ein lyrisches Motiv, dessen Text heute ‚Komm mit mir ins chambre séparée' lautet. Damals war dies freilich noch ein Stück Prosadialog. ‚Der Theatergewaltige verlangt von mir, dass ich dem Motiv Walzerform gebe!' sagte Heuberger. ‚Das ist aber unmöglich. Die Worte entsprechen nicht dem Dreivierteltakt-Rhythmus. Was würdest Du an meiner Stelle tun, Wolf?'* [Gemeint ist der Komponist Hugo Wolf.] *‚Walzer sind nicht meine Sache!' entgegnete Wolf. ‚Da wende Dich lieber an Fritz! Wenn es jedoch ein Walzer werden soll, muss jedenfalls der Text anders skandiert werden. Das ist etwas für Hofmannsthal!' Und während hierauf Hofmannsthal den Text für Heuberger umschrieb, komponierte ich schnell einige Takte des Liedes. ‚Gar nicht schlecht!' rief Heuberger und eilte davon. Nach Jahren schickte mir der Komponist mein auf einen Zettel gekritzeltes Originalmanuskript zurück und dankte mir nochmals dafür, dass ich ihm aus der Klemme geholfen hatte ..."*

Da diese Lügengeschichte immer noch durch die Musikliteratur geistert, sei dazu Stellung bezogen. Nur so kann sie endgültig ausgegrenzt werden. Gehen wir den Einzelheiten dieser „Story" nach!

1. Wann sollte dieses Zusammentreffen im Café „Griensteidl" gewesen sein? Aus Lochners Kreisler-Biographie geht hervor, dass Kreisler erst wieder nach seiner Militärdienstzeit, also frühestens in der 2. Hälfte des Jahres 1896 Anschluss an den von ihm genannten Kreis im Café „Griensteidl" haben konnte. Schon im Herbst 1895 gab es einen Aufführungskontrakt mit dem Carl-Theater, das Particell entstand zwischen Juni 1895 und 28. Jänner 1896. Die Partitur wurde am 16. 5. 1896 fertig gestellt! Selbst wenn das Duett, was stark zu bezweifeln ist, erst im Sommer 1896 entstanden sein sollte, ist eine Begegnung Heubergers mit Kreisler höchst unwahrscheinlich.

    Helmut Heuberger, der Enkel des Komponisten, weiß von seinem Vater, dass der Großvater jede Woche an einem Abend der Familie auf dem Klavier seine neuesten Einfälle vorspielte. Der Vater erinnerte sich noch genau jenes Abends, an dem der „Chambre séparée"-Walzer zum ersten Mal erklang. Wenn dieses Thema erst später eingefügt worden wäre, wäre es einerseits der Familie aufgefallen, andererseits hätte es sicherlich auch Robert Hernried be- und vermerkt, der als Schüler, Freund und erster Biograph des Komponisten noch das gesamte Notenmaterial durcharbeiten konnte.

2. Wäre zu dieser Zeit die besagte Szene noch ein Prosa-Dialog gewesen, noch dazu mit einem anderen Text, müsste man diese Änderung in der Partitur sehr wohl deutlich sehen. Kein Komponist schreibt wegen einer Nummer eine fertige Partitur nochmals; er streicht und legt höchstens Blätter ein. Davon ist in Heubergers Originalpartitur nichts zu sehen. Außerdem ist

diese Melodie noch in der Ouvertüre und in der Spielszene des 3. Aktes enthalten, deren Partiturseiten dann ebenfalls anders aussehen müssten.

Alle Texte der Musiknummern wurden von den Autoren in gebundener Sprache verfasst. Dramaturgische Schlüsselszenen sind in der Operette fast immer Musiknummern oder durchkomponierte Szenen. Warum sollte ausgerechnet eine solche Schlüsselszene des 2. Aktes in Prosa geschrieben sein? Kennt man die Unterschiede zwischen den Texten einer Musiknummer und dem einer Prosastelle in einer Operette, dann weiß man, dass es nicht so schnell möglich sein konnte, eines in das andere zu verwandeln ohne tief greifende Veränderungen des Textes. Ob das die Textdichter so ohne weiteres gestattet hätten? Warum gibt es dazu von Hofmannsthal keinen Bericht?

3. Natürlich ist jedem Vers ein bestimmter Rhythmus eigen, der sich musikalisch in eine bestimmte Taktart einordnen lässt. Es ist jedoch – sogar für jeden Laien – leicht ersichtlich, dass man fast jeden Vers in verschiedene Taktarten zwingen kann. Richard Heuberger sollte das nicht gekonnt haben? Noch dazu stehen die Worte „Geh'n wir ins Chambre séparée, ach zu dem süßen Tête-à-tête …" (so heißt es nämlich wirklich in Heubergers Partitur) keineswegs in einem zwingenden ¾-Takt, eher im ⁴⁄₄-Takt / Geh'n

½(¼)

wir ins /cham – bre sé – pa – /rée.
¼ ¼ I ¼   ¼ ¼ ¼  I ½

Besonders in der zweiten Zeile wird sogar gegen den Text rhythmisiert und dabei das unwichtige und sonst unbetonte Wörtchen „zu" als „schwere" Taktzeit gewählt.

4. Helmut Heuberger, der Enkel des Komponisten, weiß weiters von seinem Onkel Felix, dass sein Großvater kein Freund von

Stammtischrunden war. Warum sollte er in so freundschaftlicher Weise im Café „Größenwahn" integriert gewesen sein? Noch dazu, wo Hugo Wolf nie ein Freund Heubergers war – ganz im Gegenteil: Wolf äußerte sich oftmals sehr abfällig über den Komponisten. Es ist wirklich nicht anzunehmen, dass die beiden sich geduzt haben.

5. Es ist aus den Werken des Komponisten immer wieder belegbar, dass er Vorlieben für gewisse melodische und rhythmische Motive hat. Denn die Musik dieses Duettes entspricht zur Gänze der Heuberger'schen Diktion. Ein Merkmal von vielen ist zum Beispiel Heubergers Vorliebe für den „umgebogenen Leitton", der auch in diesem Duett melodiebildende Funktion hat. Wieso sollte sich genau diese Diktion, diese „kompositorische Handschrift" Heubergers in einer Melodie von Kreisler wieder finden?

6. Richard Heuberger war damals in Wien ein gefürchteter Musikkritiker. Warum sollte er sich eine derartige Blöße geben, und warum haben Wolf, Hofmannsthal und Kreisler damals diese Begebenheit für sich behalten?

7. Schließlich soll Heuberger Kreisler das Originalmanuskript mit Dank (es kann nur ein schriftlicher Dank gemeint sein) zurückgeschickt haben? Warum kam dieses Dokument nie zum Vorschein? So etwas wirft man doch nicht einfach weg!

Wenn man dazu noch Kreislers Vorliebe, mit der Wahrheit kreativ umzugehen, kennt, kann man also annehmen, dass es sich auch bei dieser „story" um eine Blüte seiner exzellenten Phantasie handeln muss.

Auch Heinrich Freiherr von Waldberg, der gemeinsam mit Viktor Léon (eigentlich Viktor Hirschfeld, 1858–1940, freier Schriftsteller, Mitverfasser zahlreicher Libretti, z. B. „Wiener Blut", „Lustige

Witwe" u. a.) das Libretto des „Opernballs" verfasst hat, weiß allerhand über den ersten „Lebensabschnitt" dieser Operette zu erzählen:

*„Unter Laube* [Heinrich Laube, 1806–1884, Schriftsteller und Theaterleiter] *wurde im Stadttheater* [Wiener Stadttheater, heute „Etablissement Ronacher", Wien 1., Seilerstätte 9, 1884 durch Brand zerstört, später wieder aufgebaut] *das Lustspiel ‚Die rosa Dominos' von Hennequin und Delacour oft gegeben. Heuberger kam nun auf den Einfall, aus dem Lustspiel eine Operette zu machen. Und auf ja und nein lagen in der Direktionskanzlei des Carltheaters Partitur und Textbuch des ‚Opernball'. Aber nun zog sich die Geschichte. Wohl nahm Jauner* [Franz Jauner, 1832–1900, Selbstmord, Direktor des Hofopernthraters, dann Direktor des Carltheaters] *das Werk an, zögerte aber 1½ Jahre mit der Aufführung. Das Werk erfordert 5 Sängerinnen, und das erschien Jauner zuviel. Inzwischen lernte Alexandrine Schönerer den ‚Opernball' kennen und erklärte sich bereit, das Werk im Theater an der Wien aufzuführen. Jetzt zögerte aber Jauner, das Werk freizugeben. Am Ende wird es ein großer Erfolg, und man ist der Blamierte. So bestand Jauner darauf, dass wir ausdrücklich in einem Revers feststellten, nur auf unser Verlangen habe er auf die Operette verzichtet."* (Aus einem Artikel des „Neuen Wiener Tagblattes" vom 16. 1. 1931, S. 9)

Die Tatsache, dass Heubergers Operette erst nach dem Tode von Johannes Brahms in der Öffentlichkeit erschien, lässt manche Autoren vermuten, Heuberger habe sich vor Brahms für seine Operette geniert. Otto Keller (1926, S. 238/239) schreibt zum Beispiel: *„Für Heuberger hatte aber die Schwärmerei des Brahms für Johann Strauß den Nachteil, dass er sich mit der im Pult liegenden Operette nicht heraustraute, um die Sonnennähe des Meisters nicht zu verlieren."*

Diese Behauptung kann nicht stimmen, wenn man einerseits die enge Freundschaft zwischen den beiden Komponisten, andererseits die offene, ehrliche, oft sogar undiplomatische Art Heubergers in Betracht zieht. Er hatte bis dahin nahezu jedes seiner Werke gleich Brahms vorgelegt und auf dessen – nicht immer zimperliche, oftmals sogar sehr herbe – Kritik gewartet. Als Heuberger am 16. 5. 1896 den Schlussstrich unter die Partitur setzte, gab es davon noch keine Abschrift, die er Brahms zeigen hätte können. Übrigens lebte Brahms noch jahrelang, als der Aufführungsvertrag mit Jauner bereits abgeschlossen war. Eine Aufführung der Operette zu Lebzeiten Brahms' lag somit durchaus nahe.

Noch ein weiteres Missverständnis ist zu klären, wodurch die in der Fachliteratur bis heute mitgeschleppten Irrtümer bzw. Unwahrheiten korrigiert werden können.

Diesmal ist es Karl Kraus, der gerne ein Gerücht aufgreift, um sich – wie so oft – mit all seiner Sprachgewalt gegen die zeitgenössische Operette zu ereifern. In der „Fackel" vom 4. 1. 1901 schreibt er auf Seite 27:

*„Herr Helmesberger war wohl beraten, da er mit seinen Philharmonikern ein Werk des Herrn Richard Heuberger aufführte* [gemeint sind Heubergers ‚Schubert-Variationen' op. 11].
*… Schärfer als Herr Max Kalbeck konnte man über die Heuberger'schen Fähigkeiten nicht aburtheilen: ‚Heuberger würde wahrscheinlich heute für ein noch glänzenderes instrumentales Gewand seines Werkes gesorgt haben … an das bestrickende Orchester-Colorit seines ‚Opernballs' zum Beispiel reichen die Variationen nicht heran.'*
*Aber wer weiß denn, außer Herrn Kalbeck und wenigen anderen, dass dem „Opernball" das bestrickende Orchesterkolorit nicht vom Componisten, sondern von A. v. Zemlinsky verliehen wurde, der den größten Teil der Operette instrumentiert hat?"*

Wie man eine harmlos gemeinte Kritik eines – vielleicht etwas eifersüchtigen – Freundes, die noch dazu auf einer rein subjektiven Empfindung basiert, doch für eigene Zwecke missverstehen kann!

Kalbeck wusste ganz genau, dass Heubergers „Schubert-Variationen" unter dem damaligen starken Brahms-Einfluss geschrieben worden waren und dass man die Instrumentation eines solchen Orchesterwerkes nicht mit den Instrumentierungsmitteln für eine Operette vergleichen kann. Außerdem glaube ich fest, dass Heuberger sogar solche Orchester-Variationen um die Jahrhundertwende anders instrumentiert hätte als 1878, als sie entstanden sind. Der beste Beleg dafür sind seine Veränderungen an der „Morgenland"-Suite (erste Fassung 1887 unter starkem Brahms-Einfluss; die stark veränderte Druckfassung erschien 1900).

Aber das sind hier Nebenfragen. Die Hauptfrage ist die nach der Instrumentation des „Opernballs"! Otilie Schönberg, die Schwester des Komponisten Arnold Schönberg, wartet mit einer ähnlichen Geschichte auf:

*„… Mein Bruder wollte damals meiner Mutter nicht auf der Tasche liegen und nahm eine Chormeisterstelle bei einigen Arbeiterchorvereinen an. Da lernte er Zemlinsky kennen und gründete bald darauf mit ihm und anderen jungen Musikern die ‚Polyhymnia', wo sie ihre Kompositionen aufführten. Mit der Zeit ergaben sich andere Verdienstmöglichkeiten, vor allem durch Instrumentierung von Operetten. Mein Bruder hat sich damit vor allem später bei seinem ersten Aufenthalt in Berlin durchgebracht, aber in Wien damit begonnen. So hat er sich mit Zemlinsky die Instrumentation der bekannten Operette ‚Der Opernball' von Heuberger geteilt und er hat den 3. Akt in Partitur gebracht."* (Aus: Stuckenschmidt 1974, S. 29, 30)

Stuckenschmidt schreibt allerdings hier fairerweise weiter:

*"Diese interessante Mitteilung, dass ihr Bruder und Zemlinsky gemeinsam Heubergers ‚Opernball' instrumentiert hätten, konnte bisher weder bewiesen noch widerlegt werden."*

Was haben diese Gerüchte nun wirklich an sich? Was weiß man tatsächlich über die „Opernball"-Instrumentation?

Es sei vorausgeschickt, dass Heuberger grundsätzlich keine Hilfe nötig hatte. Sein künstlerischer Ehrgeiz lässt das gar nicht zu. Außerdem ist gerade das Gebiet der Instrumentation seine besondere Stärke, wie er öfters selbst stolz bemerkt und wie es auch von kompetenten Musikern und Kollegen immer wieder betont wird. Nur, wenn der Druck der Zeit unbarmherzig auf ihm und seiner Arbeit lastet, was bei Heubergers Vielseitigkeit verständlich wird, nimmt er – wie damals durchaus üblich – fremde Hilfe dankbar in Anspruch. Aber er sucht sich die helfenden Hände ganz genau aus. Ein Kartenbrief an seinen Freund Kapellmeister Adolf Müller vom 23. 7. 1899 (wahrscheinlich mitten in der Arbeit für den „6-Uhr-Zug", eine seiner nächsten Operetten) beweist dies:

*„Lieber Freund!*
*Ich bin heuer durch zahlreiche kleine Unfälle mit der Arbeit sehr zurück und werde etliches nicht selbst instrumentieren können. Wären Sie so gnädig, mehrere Nummern zu instrumentieren? Wäre Ihnen sehr dankbar!*
*Ich möchte eben keine andere, als eine feine Hand drüber kommen lassen. Ihre Hand <u>ist</u> fein. Daher wende ich mich zuallererst an Sie. Bitte Antwort per Karte an meine gewöhnliche Stadtadresse. Ich bin jetzt täglich hier ...*

*Herzlichst*
*Ihr Richard Heuberger"*

Tatsächlich kommt es aber nicht zu dieser Freundeshilfe durch Kapellmeister Müller. Doch bei einer seiner nächsten Operetten, „Das Baby", hilft ein anderer befreundeter Kapellmeister beim Instrumentieren einiger Nummern mit: Alexander von Zemlinsky.

Aber wie ist das beim „Opernball"?

Was hatte Heuberger mit Zemlinsky und Schönberg zu tun?

Heuberger ist mit beiden Musikern befreundet und unterstützt sie, wo immer es nur möglich ist. Er bespricht in positiver Weise Zemlinskys Oper „Es war einmal", macht den Komponisten auf brauchbare Opernstoffe aufmerksam und fördert seine Aufführungen im Rahmen des Wiener Tonkünstlervereines, dem sowohl Schönberg als auch Zemlinsky angehören. Zemlinsky rückt sogar 1899 zum Vizepräsidenten neben dem Präsidenten Richard Heuberger auf, Schönberg wird in den Vorstand – als Mitglied ohne bestimmte Funktion – berufen.

Der Briefwechsel Zemlinskys mit Heuberger zeigt ebenfalls das freundschaftliche Verhältnis der beiden Musiker.

Im Katalog zur Schönberg-Gedenkausstellung 1974 schreibt der Herausgeber E. Hilmar selbst: „... *Schönberg hat an mehreren Stellen seines reichen Nachlasses an Schriften die Aussage hinterlassen, dass er in der Zeit von 1900–1903* [also nach der „Opernball" – Entstehungszeit! Ang. d. Verf.] *und auch später nebst Kopistenarbeiten instrumentiert hätte ...*

*Gerüchten zufolge soll er ... für Heuberger, Leo Fall und Eysler ... instrumentiert haben, mit denen er befreundet war. Auch von Lehár ist bekannt, dass er in früheren Jahren nicht immer selbst orchestrierte ... Material hat man trotz verschiedener Recherchen ... noch nicht finden können.*

*Die Mitteilung Weberns – überdies nur mündlich tradiert –, dass Schönberg auch an der Instrumentation des ‚Opernball' von Heuberger beteiligt gewesen wäre, muss allerdings revidiert werden.*

*Zemlinsky nach der Premiere seiner Oper „Es war einmal" an den befreundeten Kritiker*

*Vergleiche mit der Partitur haben ergeben, dass Zemlinsky – aus Zeitgründen – an der Instrumentierung des 1. Aktes mitgearbeitet hat, die übrigen Teile jedoch von der Hand Heubergers stammen."*

In der Original-Patitur der Operette „Der Opernball" kann man im 1. Akt deutlich unterscheidbare Schreibweisen in der Notation feststellen. So sind verschiedene Schlüsselformen, Pausenzeichen, „pizzikato"-Schreibungen und b-Vorzeichnungen Hinweise dafür, ob Heuberger oder Zemlinsky instrumentiert hat.

Leider wurden viele von Heuberger auskomponierte und von Zemlinsky instrumentierte Dialogszenen des 1. Aktes wahrscheinlich schon vor oder nach der ersten Aufführung von Heuberger persönlich gestrichen. Erst die Inszenierung der Wiener Volksoper 1985 öffnete – mit Recht – einige dieser Striche wieder. Denn was hier jahrzehntelang verborgen war, ist ein reizendes Beispiel für den von Heuberger so sehr gewünschten Konversationston seiner Operetten.

Als Künstler und Musikkritiker ist Richard Heuberger mit musiksoziologischen Vorgängen vertraut, wenn sie ihm vielleicht auch nicht bewusst werden. Er spürt intuitiv, was „in der Luft liegt", und versucht, sich mit seinen „Reformoperetten" jenen Strömungen entgegenzustemmen, die Adorno, Křenek und Karl Kraus oft mit Recht anprangern.

Es bleibt das große Verdienst des Komponisten, der Operettentradition Wiens einen neuen Aspekt, eine neue Facette hinzugewonnen zu haben. Aber der Komponist überschätzt die musikalische Bildung der Mehrheit des Operettenpublikums seiner Zeit, und so gibt sich dieses bald einem anderen Operettenstil hin, der als *„Vorspiel zu den grölenden Freuden des Nachtlebens"*, wie Karl Kraus einmal schreibt, den Wünschen des breiten Publikums gerne entgegenkommt, es verwöhnt und – verdirbt. Auf die fein gewürzte Delikatesse folgen Pudding-Cremeschnitten mit Schlagobers.

Werfen wir einmal einige Blicke in die Partitur des „Opernballs" und betrachten wir sie durch die musikwissenschaftliche Brille:

Die „Opernball"-Partitur ist keine lose Folge von Walzern, Polkas und anderen Tanzstücken. Natürlich findet man auch „geschlossene" Formen wie Couplets, Arietten u. Ä.; aber im Ganzen betrachtet, komponierte Heuberger ein feines musikalisches Gewebe von leitmotivischer Prägung und charakteristischen Bezügen zum Text, zu den einzelnen Personen und sogar – oft fein psychologisch ausgedeutet – zu einzelnen Situationen und Hintergründen der Handlung. Das gilt speziell für die großen Final-Teile des 1. u. 2. Aktes, für die Spielszene des 3. Aktes und die Ensemble-Nummern. Ganz im Gegensatz zu anderen Operettenkomponisten, die in die „Lade greifen" und verschiedene Walzer und Polkas ganz einfach „über das Libretto verstreuen", bedient sich Heuberger also einer Kompositionstechnik, deren Ursprünge im Musikdrama und im Sinfonischen liegen.

Heuberger selbst schreibt in einem Brief aus dem Jahre 1902 (Adressat unbekannt, vielleicht Dr. Hugo Kosch, Rathausbibliothek): „*... Haben Sie einmal die Leitmotive im ‚Opernball' bemerkt? ‚Ein rosa Domino'* [hier zitiert Heuberger das Notenbeispiel] *kommt in vielen Formen vor, ebenso der Briefwalzer.*" (Gemeint ist hier das Motiv „Heute Abend …")

Tatsächlich geistern diese beiden Motive (sie sind hier stellvertretend für alle anderen ausgewählt) durch die gesamte Operette.

Im ersten Akt wird z. B. das Domino-Motiv wörtlich zitiert, wenn Paul den Brief liest. Im Finale des ersten Aktes verrät es in der Orchesterbegleitung, warum sich Henri Geld pumpen möchte. Im gleichen Finale lügt Paul auf die Frage seiner Frau „Gibt's keine Neuigkeit?" – „Ich wüsste nichts!" – und wird vom Orchester gleich dreimal entlarvt durch die Motive „Heute Abend …", „… ein rosa Domino" und durch das Galopp-Thema, das auf die Tanzfreuden des Balles hinweist. Wenn Hortense berichtet, dass Herr Aubier den neuen Frack eingepackt hat, beginnt sie ihr Parlando mit dem Anfang des Domino-Motivs („… man weiß den Zweck"). Wenn die fingierte Depesche Paul scheinbar in die Fabrik zurückruft und er bekümmert singt: „… Doch ist mit des Geschickes Mächten kein Bund zu flechten", wird seine geheuchelte Trauer vom Orchester aufgedeckt, das verrät, was dahinter steckt: ein rosa Domino!

In den Turbulenzen des 2. Aktes erscheint das Domino-Motiv

gleich im ersten Teil des „Rendezvous-Duetts" („Wo, wo, wo – wo ist mein rosa Domino?") und noch an vielen anderen Stellen. Paul wird dieses Motiv sogar im 3. Akt noch immer nicht los. Im Quintett weisen die Orchesterstimmen eindeutig auf den Ball hin und verraten so die Heimkehrer.

Nun einige Blicke auf den „Hauptschlager" des Werkes, auf das berühmt gewordene Duett „Geh'n wir ins Chambre séparée".

Wie kommt es, dass manche Melodien sofort zum „Schlager" werden, andere – vielleicht sogar kunstvoller gebaute – bei weitem nicht so hohen Popularitätsgrad erreichen?

Zweifelsohne gibt es Kriterien für die Publikumswirksamkeit einer Melodie. Der deutsche Musiksoziologe und Pädagoge, Hermann Rauhe, untersuchte diese Phänomene und kam zu Ergebnissen, die besonders auch für die Analyse von Heubergers Operetten interessant sind, aber auch für seine Ballette und sogar Opern!

In dem Beiheft „Der deutsche Schlager" zur Schallplattenreihe „Aktuelle Popmusik im Unterricht", Wiesbaden 1970, meint Hermann Rauhe:

*„Es gibt bestimmte melodische Wendungen, die alt-vertraut klingen und Bekanntheitsqualität besitzen. Zu ihnen gehören u. a. Sext- und Septsprünge, bei denen der angesprungene Ton auf betontem Taktteil steht, Dreiklangsbrechungen, unaufgelöste Leittöne, häufige Wiederkehr der 6. Stufe, Sequenzketten, Wiederholungen.*
*Am Beispiel der spezifischen Leittonbehandlung ... soll die Korrespondenz zwischen musikalischem Strukturmerkmal und Rezeptionsweise verdeutlicht werden. Die melodische 7. Stufe in Dur besitzt einen bestimmten Richtungswillen, eine Strebigkeit zum darüberliegenden Grundton. Die Stärke dieser Strebetendenz hängt von verschiedenen Faktoren ab:*

1. *vom rhythmischen Zusammenhang: auf betontem Taktteil ist die Strebetendenz am ausgeprägtesten. Sie wird noch intensiviert, wenn sich der Leitton durch seine Länge von den Nachbartönen abhebt.*" (Der Leitton in den Anfangsworten des berühmten Duettes „Geh'n wir ins Chambre séparée" auf [„wir"] steht zwar nicht direkt auf betontem Taktteil, wird aber durch seine Länge indirekt hervorgehoben.)
2. *„vom harmonischen Zusammenhang: Ist der Leitton mit dem Dominantseptakkord harmonisiert, so ist sein Richtungswille am stärksten.*" (Bei dem oben erwähnten Duett gibt es diese Dominantharmonie nicht, weil der Leitton ja schon im ersten Takt vorkommt, der naturgemäß in der Grundtonart beginnt. Dadurch ergibt sich jedoch eine „harte" Spannung zwischen dem Leitton „cis" der Melodie und der unterlegten „D-Dur"-Harmonie.)
3. *vom diastematischen Zusammenhang: Wird der unaufgelöste Leitton angesprungen, so erhält er dadurch größere Bedeutung, als wenn er schrittweise erreicht wird.*

Beispiele für diesen „unaufgelösten Leitton" finden wir in der Volkslied- und Schlagerliteratur in großer Anzahl (z. B.: „Was eine Frau im Frühling träumt …", „Moon river …", „Behüt dich Gott, es wär so schön gewesen, behüt dich Gott, es hat nicht sollen sein." u. v. a., aber auch Opernwerke sind voll davon.

Hermann Rauhe erklärt weiter: *„… Die energetische Stauung, die dadurch entsteht, dass der mehr oder weniger starke Richtungswille des Leittons nicht verwirklicht wird ('abgebogener Leitton'), korrespondiert mit bestimmten Rezeptionsweisen. Die Stauung (Nichtauflösung als Enttäuschung einer Hörerwartung) wird assoziiert mit Emotionen, d. h. sie wird als Gefühlshöhepunkt empfunden. Dieser Assoziationsmechanismus hat sich in fast 150 Jahren verhärtet und* *automatisiert. Er ist erkennbar an starker dynamischer Hervorhebung, … an hingebungsvoller Mimik und Gestik beim Singen oder Tanzen. Wesentlich für den Erfolg eines Schlagers ist daher der Rhythmus, der vor allem in der ‚Schlagzeile', d. h. zu Beginn des Refrains, einfach und einprägsam sein muss. Dieser Rhythmus der Schlagzeile zieht sich meist wie ein Motto durch die ganze Melodie, vielfach in Form von Sequenzketten, die die Eingängigkeit erhöhen …"*

Einige dieser Fakten treffen auch ganz genau auf unser Duett „Geh'n wir ins Chambre séparée …" zu. Es ist also kein Wunder, dass diese Melodie so besonders gut ins Ohr geht.

Eine ähnliche emphatische Wirkung hat der Nonensprung aufwärts, auch wenn er durch einen „Sprungbrett-Ton" gestützt wird. Auch dafür gibt es im Duett ein Beispiel: „… Dort beim Champagner und beim Souper …" Dieser Nonensprung ist ein beliebtes Stilmittel der Romantik. Richard Wagner verwendet ihn in seinem „Matrosenchor" im „Fliegenden Holländer". Auch bei Johannes Brahms ist er als Ausdrucksmitel anzutreffen, z. B. im Lied op. 105/1, „Wie Melodien zieht es …" und im Lied „Sonntag", op. 47/3, „… das tausendschöne Herzelein …" Heuberger kannte dieses Phänomen ganz bestimmt von seinem Studium der Werke Wagners und Brahms'.

Nach der Aufführung seiner „Cain"-Ouvertüre bei seinem 2. Kompositionskonzert am 29. 3. 1884 in Wien hat sich Heuberger durch seine harmonischen Härten und alterierte Akkorde den Tadel der Kritik zugezogen. In seiner Operette „Der Opernball" spielt er mit diesen harmonischen Stilmitteln. Sein Können ermöglicht es ihm, mit einer enharmonischen Umdeutung aus einer hochgetriebenen sinnlich-erotischen Atmosphäre plötzlich in schelmische Nüchternheit zu wechseln. Der Modulationsverlauf, ja das harmonische Geschehen bei Heuberger überhaupt, ist

*Im Zenit – „Der Opernball"*

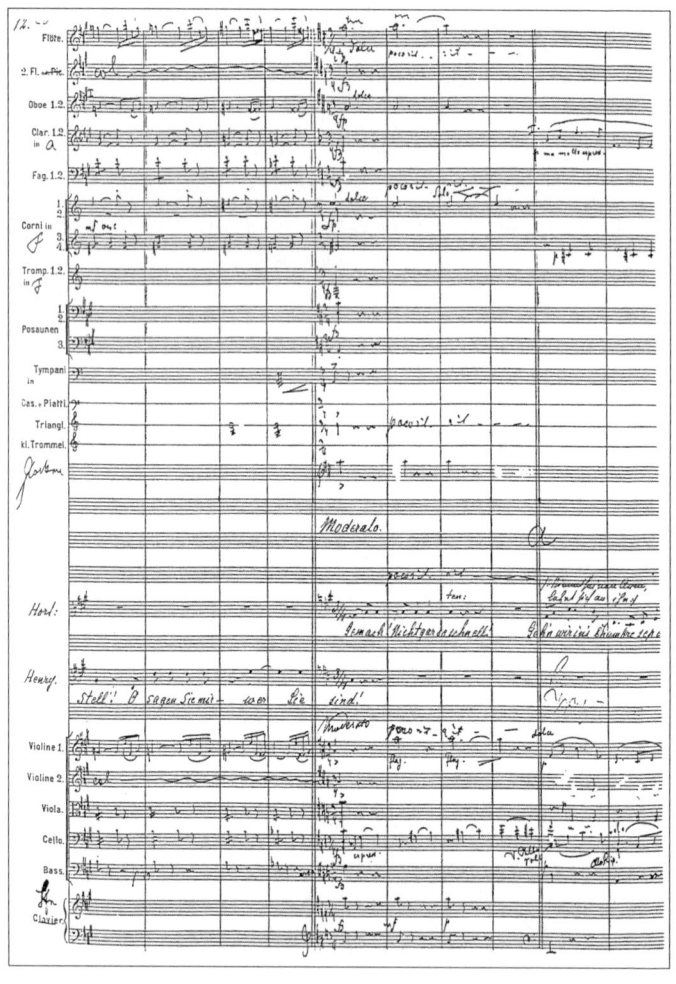

*Beginn der berühmtesten Stelle des „Opernballs" (Autograph)*

von harten Vorhalten bzw. Durchgängen bestimmt. In den raschen Musikstücken, für die der Komponist eine besondere Begabung aufweist, wirken sie pikant, würzig und frech, in den langsamen Nummern können gerade diese Spannungen bis zur schmerzhaften Sinnlichkeit gesteigert werden.

Heubergers Walzerthemen sind immer kleine musikpsychologische Studien. Sie gehen sehr genau auf die jeweilige Person oder die Situation ein. So scheinen die fein strukturierten Walzermelodien aus den Operetten und Balletten des Meisters mehr stilisierte Charakterstücke zu sein als reißerische Tanzmusik, welche die Füße zucken lässt. Sie dürfen also keineswegs an Strauß'schem „Tanzbodenschmiss" gemessen werden. Oft bilden diese Walzer den Hintergrund und das Bindeglied für die musikalische Konversation. Die dahintanzende Walzermelodie wird auf die Sängerinnen und Sänger „aufgeteilt" oder bildet das „musikalische Bett" für kleine melodische Phrasen, eine Kompositionstechnik, der man besonders bei Richard Strauss wieder begegnet.

Nur wenige wissen, dass im 1. Finale der Operette, vor der Ankunft der Scheindepesche für Paul, ursprünglich eine Parodie-Szene über das Sittenstück „Ledige Leute" von Dörmann eingebaut war, das als Novität im Carl-Theater lief. Eduard Hanslick äußert sich in der „Neuen Freien Presse" vom 11. 1. 1898 darüber recht kritisch: „… *Was die Wiener Bearbeiter dem Original* [gemeint ist das Stück „Die rosa Dominos" von Hennequin und Delacour] *aus Eigenem zugesetzt haben, ist nicht überall von der feinsten Sorte. Gibt es eine grässlichere Geschmacklosigkeit, als die drei Strophen, in welchen man uns im 1. Akt die Handlung der jüngsten Novität des Carltheaters parodistisch erzählt? …*

*… Man hat sich bei der ersten Aufführung des ‚Opernballes' vortrefflich unterhalten und, wie wir hörten, bei der zweckmäßig gekürzten zweiten noch viel besser …"*

Dazu ein kleiner Ausschnitt als Text-Kostprobe dieser Parodie:
Erster Act. Erste Scene.

> Ganz im tiefsten Negligée.
> Eine Mutter und zwei Töchter,
> kurz: was man so nennt Milieu!

> In dem Hause gehen fesche
> „Led'ge Leute" ein und aus,
> Und die Dämchen sind mit allen
> sehr intim! ein nettes Haus ...
> usw.
> Refrain:
> Das Theater, das Theater
> zeigt heut Wahrheit splitternackt,
> aber bitte, s'kommt noch besser
> dies war nur der erste Akt!
> usw.

Diese etwas peinliche Szene und noch etliche andere Passagen werden also nach der Premiere von Heuberger selbst gestrichen. Sie ist zwar noch in der Original-Partitur einzusehen, aber bereits in der autographierten Partitur nicht mehr vorhanden, ebenso wenig im gedruckten Klavierauszug.

Die Librettisten der Operette, Léon und Waldberg, werden von der Presse nicht nur gelobt; sie müssen auch – zum Teil berechtigte – schwere Vorwürfe hinnehmen. In seiner Kritik im „Neuen Wiener Tagblatt" fällt Max Kalbeck über die Librettisten her:

*„Wo die Franzosen mit einem Fingerwink auskommen, fuhrwerken die Deutschen mit Händen und Füßen umher ..., während sie eine stattliche Menge von unzweckmäßigen Einfällen produciren, von denen nicht einmal der Componist den wünschenswerthen Vortheil ziehen konnte. Überdies flatterte ihnen bei der Arbeit eine Art Unglücksvogel um die Ohren, den sie als Fledermaus wohl an ihr Scheunenthor festgenagelt hätten, wenn sie ihn erkannt haben würden. Verwünschter Gedanke, den 2. Akt der ‚Rosa Dominos' in den Saal der großen*

*Theaterzettel der Uraufführung des „Opernballs"*

Oper zu verlegen und den 3. Akt mit einer ausführlichen Soloszene, welche von den Ballreminiszenzen lebt, zu beginnen.

Wie man sich erinnern wird, spielt der tolle 2. Akt der ‚Rosa Dominos' im … Salon eines feinen Pariser Restaurants. Vorn und hinten, rechts und links führen Thüren in separierte Cabinets, in welchen die Lebewelt mit ihren Damen zu soupieren pflegt. Der ebenso feine wie anzügliche Scherz der Posse verlangt es, dass ihre galanten Paare un-

*wissentlich ein Chassez-Croisez ausführen und dass immer ein Herr mit einer anderen Dame soupiert zu haben glaubt, während in der That nur einer der 3 Rosa Dominos alle Consequenzen der verschiedenen Tête-à-têtes auf sich nimmt ...*
*Nicht das Geringste von dieser artigen ... Lustspielidee bemerkt und begriffen zu haben, war das Malheur der Herren Léon und v. Waldberg. In ihrem allzu handwerksmäßig betriebenen Metier brachten sie die Pariser Oper in den Verdacht eines Gelegenheitshauses, während sie der kleinen Hortense das eingebrannte Loch, den Kaffeefleck und den Riss im Domino so harmlos coram publico zufügen ließen, als ob diese Makel keinerlei symbolische Bedeutung hätten ..."*

Heubergers Operette hatte am Mittwoch, dem 5. Jänner 1898, ihre Premiere. „*Frl. v. Schönerer hat der Inszenierung besondere Sorgfalt zugewendet*", schreibt das „Neue Wiener Tagblatt" vom 4. Jänner schon im Voraus.

Tatsächlich bemüht sich Frau Direktor Schönerer sogar als Regisseuse und bietet viele Wiener Publikumslieblinge auf: Karl Blasel, der schon unter Offenbach den Menelaus gespielt hat, ist der erste Beaubuisson. Josef Josephi aus Krakau singt den Paul. Er hat seinerzeit bei der Uraufführung des „Simplizius" von Johann Strauß durch sein unerschrockenes Weitersingen bei einem Brandalarm eine Panik verhindert. Die Berlinerin Annie Dirkens, später beliebtes Mitglied des Theaters in der Josefstadt und Diva der letzten Johann-Strauß-Operette „Die Göttin der Vernunft", spielt das Kammermädchen Hortense und Carl Wallner, der später gemeinsam mit Wilhelm Karczag das Theater an der Wien leiten soll, ist der alles wissende Oberkellner.

Nach dem Achtungserfolg der Premiere wird Heubergers Operette allmählich zum Dauerbrenner, nur von „Eintagsfliegen" und Gastspielen unterbrochen. Am 21. 12. 1898 erklingt Heubergers

Musik zum 95. Male. Viele weitere sollen noch folgen. Die Besetzung (siehe Theaterzettel) bleibt im Großen und Ganzen dieselbe, man liest nur wenige andere Namen, so z. B. Frl. Klug als Féodora, Herr Pagin als George, Frl. Frey als Henri, Frl. Milton als Henri, Frl. Pitsch als Mdm. Beaubuisson, Frl. Matausch als Hortense, Frl. Kühnel als Marguérite …

Dass sich der spätere große Erfolg der Operette nicht gleich bei der Uraufführung einstellt, liegt sicher an der erst nach der Premiere erfolgten „Entrümpelung", ist aber – nicht unwesentlich – auch eine Folge des Probenkrachs zwischen den weiblichen Stars. Wenn man den Klatschspalten der Presse (z. B. dem „Fremdenblatt" vom 9. 1. 1898 oder dem „Interessanten Blatt" vom 13. 1. 1898) einigermaßen glauben darf, kann sich Folgendes zugetragen haben:

Nach einer allzu „reizenden" Begrüßung der beiden adeligen Primadonnen – die vorausblickende Direktorin engagiert danach gleich Frl. Kaftal als „Remplacantin" – kommt es bei der gleichen Probe zur Absage von Frau Palmay, die plötzlich erklärt, ihr Bronchialkatarrh hindere sie, eine Novität zu übernehmen. Für den wahren Grund gibt es zwei Pressehinweise: Das „Fremdenblatt" berichtet, dass Frau Palmay in der Garderobe Frl. Dirkens ein Lied probieren hört, das sie noch nicht kennt. Die Phantasie der eifersüchtigen Künstlerin tut dann ein Übriges. Nach Informationen des „Interessanten Blattes" stören Frau Palmay die Uniformhosen des Marinekadetten. Die Rolle wird verkleinert und Frl. Frey übergeben, die ihrerseits aber eine ausgiebige „Wattierung" der Rolle mit Schlagern verlangt. Sofort melden sich auch die anderen Damen und sogar einige Herren und verlangen Einlagen. Es kommt zu einem ausgewachsenen Probenkrach, in den sich schließlich auch Frau Direktor Schönerer einschaltet.

Am 8. 1. 1898 meldet das „Neue Wiener Journal" unter dem Titel „Hinter den Kulissen": *„Die beleidigte Gräfin hat sich in einem*

*Schreiben bereit erklärt, keine Halsentzündung zu haben und in der Heuberger'schen Operette wieder die Hosenrolle zu übernehmen, die jetzt von Frau Frey so gut ausgefüllt wird. Die Erledigung ist aber noch ausständig, und man wird sich ... damit kaum übereilen."*

Es würde den Rahmen dieses Buches sprengen, versuchte man allen zeitgenössischen Kritiken nachzuspüren und sie – wenn auch nur ausschnittweise – zu Wort kommen zu lassen. Die Meinungen der Rezensenten bilden einen breiten Fächer von begeisterter Zustimmung bis zur gehässig formulierten Ablehnung (vor allem in den deutsch-nationalen Blättern). Die „Neue Musik-Zeitung" als Vertreterin der Fachpresse verhält sich vorerst reserviert:

*„... Handelt es sich um Feuilletonistendramen oder um Referentenmusik, so werden die enthusiastischen Berichte einer liebenswürdigen Kollegenschaft mit einiger Vorsicht zu genießen sein. So wurde denn auch nach unserem Empfinden der ‚Opernball' ein wenig über Gebühr gepriesen. Das ist wohl immer feine, aber doch manchmal forciert geistreiche Musik, die gleich in bequeme Tanzweisen abbiegt, denen es wohl nie an Grazie, aber doch manchmal am ursprünglich fortreißenden Temperament fehlt. Das sehr löbliche Bestreben, die Trivialitäten der musikalischen Posse zu verlassen, die Operette der vornehmen Gattung der komischen Oper anzunähern, verdient jedenfalls Anerkennung..."*
(Neue Musik-Zeitung, 19. Jg. 1898, Nr. 3, S. 33/34)

In der nächsten Nummer desselben Blattes erscheint jedoch bereits ein großer Artikel mit dem Bild des Komponisten, einer kurzen Biographie, einer Würdigung seiner Kritikertätigkeit beim „Wiener Tagblatt", viel Lob für seine Lied- und Chorkompositionen und schließlich der Mitteilung: *„... Seine neueste Operette ... hat eingeschlagen und erhält sich auf dem Repertoire."* (Neue Musik-Zeitung, 19. Jg. 1898, Nr. 4, S. 45)

Heuberger selbst beklagt sich bei seinem Freund Wilhelm Kienzl über die oftmals ungerechte und verständnislose Kritik. Kienzl versucht, den Komponisten zu trösten (Brief vom 18. 1. 1898) und berührt dabei sehr entscheidende Argumente:

*„Vielen Dank für Deine lieben und interessanten Zeilen. Leid thut es mir, daraus zu ersehen, dass Du unter den begreiflichen Wespenstichen Deiner Herren Kollegen mehr leidest, als es letztere werth sind. Wie kann ein Mensch wie Du so viel auf Derartiges geben? Dies soll keine Verkleinerung Deiner kritischen Würde sein, wenngleich Du mir bei aller Hochschätzung Deiner exquisiten Recensenten-Qualitäten (die eben auch darum besser sind, weil Du selber auch was Künstlerisches machen kannst, was die anderen Schreiber nicht können) der Künstler Heuberger bist und nicht der Recensent. Das ist aber wohl auch der durchsichtige Grund, warum Dir die Recensenten-Collegen nicht wohlwollen, da sie eben nichts machen, sondern nur schreiben können (Manche nicht einmal das ordentlich) und der, warum die Komponisten Dich beneiden (d. h. die unanständigen), dass Du die Macht der Feder, überdies an bedeutungsvoller Stelle, vor ihnen voraus hast. Ja, es sieht sich eine solche Doppelposition, wie Du sie einnimmst, schöner an, als sie ist, denn sie muss stark bezahlt werden …"*

Es liegt gleichsam in der Natur einer bekannten Operette, dass sie im Laufe der Jahrzehnte bearbeitet wird und verschiedenste Bearbeitungen erleiden muss. Heubergers „Opernball"-Musik hat all diese Versuche, ob gelungen oder nicht, unbeschädigt überstanden und wirkt heute noch genauso frisch wie im Jahre der Uraufführung.

*Im Zenit – „Der Opernball"*

*„Der Opernball" in der Wiener Staatsoper 1931*

# Die weiteren Operetten

Wir wollen uns nun der kompositorischen Folgeentwicklung nach dieser „Reformoperette" zuwenden. Hat der „Opernball" eine Auswirkung auf die Entwicklung der Wiener Operette? Gibt es eine Weiterführung? Gelingt es Heuberger die Glut, die er mit seiner „Konversationsoperette" entfacht hat, zu einem lodernden Feuer zu bringen?

Der Erfolg seiner Operette „Der Opernball" beflügelt Richard Heuberger. Er beginnt sogleich mit der Komposition einer neuen Operette im gleichen Stil. Wie sehr er dafür Feuer und Flamme ist, ersieht man an der kurzen Arbeitszeit: Er benötigt dafür nur knapp drei Monate. Wieder sind es die Librettisten Viktor Léon und H. v. Waldberg, die ihm nach Hennequin/Millauds „Niniche" ein Libretto verfassen. Das Originalstück könnte Heuberger schon in Graz im November 1878 oder im Wiener Carl-Theater gesehen haben.

Der Titel des Stückes wird in „Ihre Excellenz" geändert. Wieder besteht Heuberger in der Zusammenarbeit mit den Librettisten darauf, Derbheiten und Obszönitäten zu vermeiden, was vor allem Léon nicht ganz einsieht, da er als Bühnenpraktiker eher bereit ist, für den Geschmack des breiten Publikums zu schreiben.

Seinem zweiten Textdichter, Baron Heinrich von Waldberg, der seinen Vorstellungen von einem Textbuch näher steht, schreibt er: *„... Ich bitte Sie nochmals, erinnern Sie sich daran, dass die allerlustigsten Sachen im ‚Opernball' gar nicht gemein, gar nicht zotig waren ... Wir müssen aufwärts! Je lustiger, desto besser. Aber um Gottes Willen nicht ordinär. Wir haben ja das besssere Publikum mit ‚Opernball' gewonnen und für das müssen wir arbeiten ..."*

*Die weiteren Operetten*

Das ist auch gelungen, und das Libretto erweist sich als gut geeignet. Heuberger versteht es, die zarte Erotik musikalisch umzusetzen. Im Buch selbst ist alles enthalten, was in der Folge den Operettenlibrettisten als Vorbild dienen könnte: Halbwelt, Adel, die schelmisch aufs Korn genommenen Ideale des Bürgertums der Jahrhundertwende, groteske Typen, das Doppelleben einer Tänzerin, die einen ausländischen Fürsten geheiratet hat und nun mit diesem gleichzeitig nach Liebesbriefen vergangener Zeiten jagt.

Die Musik knüpft stilistisch an den „Opernball" an, geht aber noch mehr in die Richtung, welche Heuberger als neuer musikalischer Lustspielton vorschwebt, in die Richtung der „Konversationsoperette". Es ist interessant, dass Heubergers Musik in all seinen Bühnenwerken besonders stark den Wagnerschen Einfluss erkennen lässt – in Diktion und Harmonik. In seinen Liedern und Orchesterwerken dagegen ist er ganz der Brahms-Schüler.

Die Ouvertüre der Operette „Ihre Excellenz" entspricht formal ganz derjenigen des „Opernballs", entwickelt auch ihr Themenmaterial auf ähnlich sinfonische Art. Heubergers Eigenarten und Stärken kommen darin ganz besonders zum Tragen: 6/8-Takt, hüpfende Rhythmen, kühne Modulationen, Vivace-Motive u. Ä. Wie in der „Opernball"-Ouvertüre erklingt auch hier ein Walzer, der aber – im Gegensatz zu den vornehmen Walzerweisen des „Opernballs" – den Charakter volkstümlichen Wienertums trägt. Das „picksüße Hölzel", die G-Klarinette der Schrammel-Vorstadtmusik klingt an. Auffallend ist die Ähnlichkeit der Themen und der kleinsten Motive, mit denen des „Opernballs"; z. B. das rasche 6/8Takt-Thema im Vivace-Teil und die absteigende, punktierte Linie des „Rosa Domino"-Motivs.

Der Lustspielton und die musikalische Konversation – anstatt des in der Operette üblichen Dialogs – zeigen sich bereits in der ersten Szene, wobei die gesanglichen Ansprüche an die Sängerinnen und Sänger ziemlich hoch sind. Hier verwandelt sich das leichte „Parlando" beinahe unmerklich in ariosen Gesang. Dieser zwanglose Übergang wird durch eine rhythmische und melodische Entwicklung der Motive im Gesangs- und Orchesterpart erreicht. Zu solchen Entwicklungen kommt es im 1. Akt zwischen den „festen" Nummern (Couplets, dem Terzett mit vorausgehendem Walzer-Duett) und im Finale.

Die erste Nummer des 2. Aktes nach dem Vorspiel (die Nr. 7) bietet ein sehr gutes Beispiel für Heubergers musikalischen Aufbau einer Szene im Sinne der Konversationsoperette. Die Nummer heißt zwar schlicht „Duett", ist aber eigentlich eine weitgespannte Szene mit beginnendem Walzerlied, anschließender Polka, die sich zu einem Duettino entwickelt, und abschließendem großen Walzerduett, verbunden mit musikalischer Konversation. Wechselnde Stimmungen werden unterstützt durch Wechsel von Tonart und Rhythmus.

Das 2. Finale übertrifft das des „Opernballs" in musikalisch-künstlerischer Hinsicht. Heuberger verspottet in einer Szene die Dramatik der Opernmotive eines Puccini beziehungsweise eines Mascagni: Er zitiert Mimis „O buon Marcello, aiuto ..." aus dem 3. Bild der „Bohème" und unterlegt das mit den Worten „Es handelt sich um jenen Mann, den sie noch immer, immer lieben ..."; und etwas später verwendet er ein bekanntes Motiv aus dem „Intermezzo" der Mascagni-Oper „Cavalleria Rusticana" für die Worte „Ach, meine Knie schwanken ...".

Im 3. Akt herrscht das Prosa-Lustspiel vor. Die Szenen sind nicht mehr durchkomponiert; Heuberger begnügt sich mit kleinen, geschlossenen Gesangsnummern (einem Duettino, einer Ariette, einem Terzett und dem übliche Reprisen-Schlussgesang).

Die Uraufführung des Werkes findet am 28. 1. 1899 am Theater an der Wien statt, mit Ilka Palmay in der Titelrolle. Mit viel Erfolg kommt es zu 78 weiteren Aufführungen. Johann Strauß, dem Heuberger das Werk widmet, gratuliert spontan. (Siehe Widmungsbrief und Dankschreiben!)

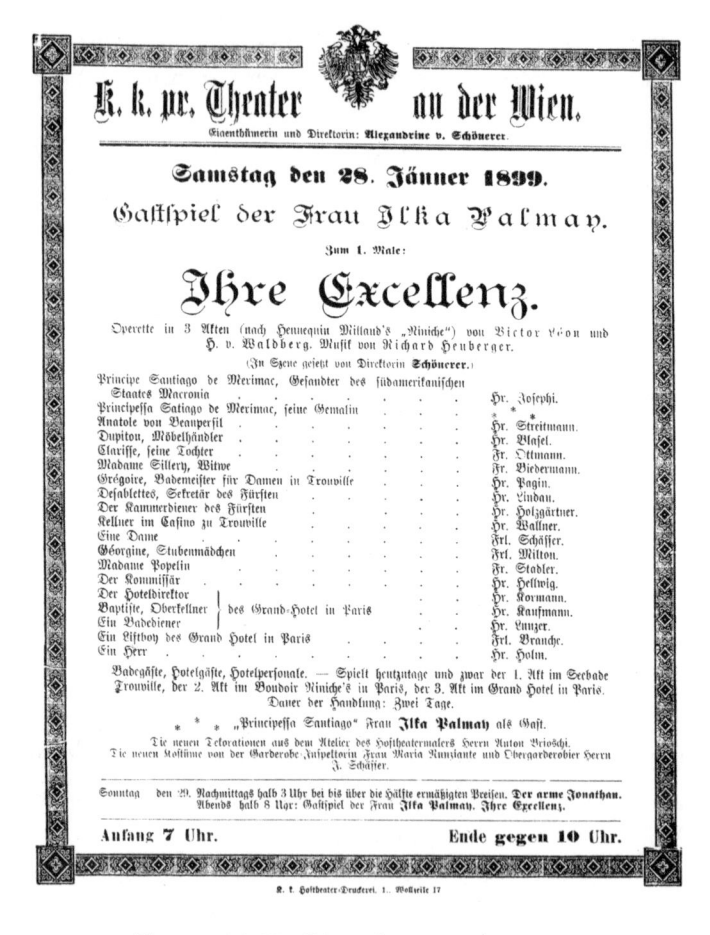

*Theaterzettel der Uraufführung der Operette „Ihre Excellenz"*

*Rechts: Heuberger möchte „Ihre Excellenz" Johann Strauss widmen*

Verehrter Meister!

Schon gelegentlich meines "Opernball" habe ich den Gedanken gefasst, Ihnen, verehrter Meister, durch die Widmung des Werkes eine Huldigung zu bereiten, die freilich mir mehr Freude gemacht hätte, als Ihnen. Wie Sie wissen, war der Erfolg anfangs aber zu schwankend, und ich getraute mich nicht, Ihnen mit einem etwas noch fraglich beurteilten Werke nahe zu kommen.

Gestatten Sie mir nun, da der gute Eindruck an meine neue Operette mache ziemlich fest steht, das Versäumte nachzuholen und mir zu erlauben, dass "Ihre Excellenz" mit einer Widmung an Sie erscheint. Diese öffentliche Kundgebung meiner Verehrung für Sie dürfte Sie, da es sich um ein — wie alle Welt behauptet — gelungenes Werk handelt nicht gerade compromittiren, mir aber voraussichtlich die Anerkennung eintragen, dass ich an einem der genialsten Musiker unserer Zeit nicht ohne verehrungsvollen Gruß vorbeigegangen bin.

Ich bitte Sie, die Sache vorderhand ja nicht zu verlautbaren u. möglichst geheim zu halten. Man ist gewöhnt, hier hinter Allem etwas Häßliches zu entdecken und das möchte ich in diesem Falle unbedingt nicht erleben.

Vielleicht sind Sie so liebenswürdig mir gelegentlich ein paar Worte zukommen zu lassen, die mir Ihre Zustimmung oder — was mich sehr betrüben würde — Ihre Ablehnung zur Kenntniß bringen.

Verehrungsvollst

Ihr

R. Heuberger

*Die weiteren Operetten*

*Die weiteren Operetten*

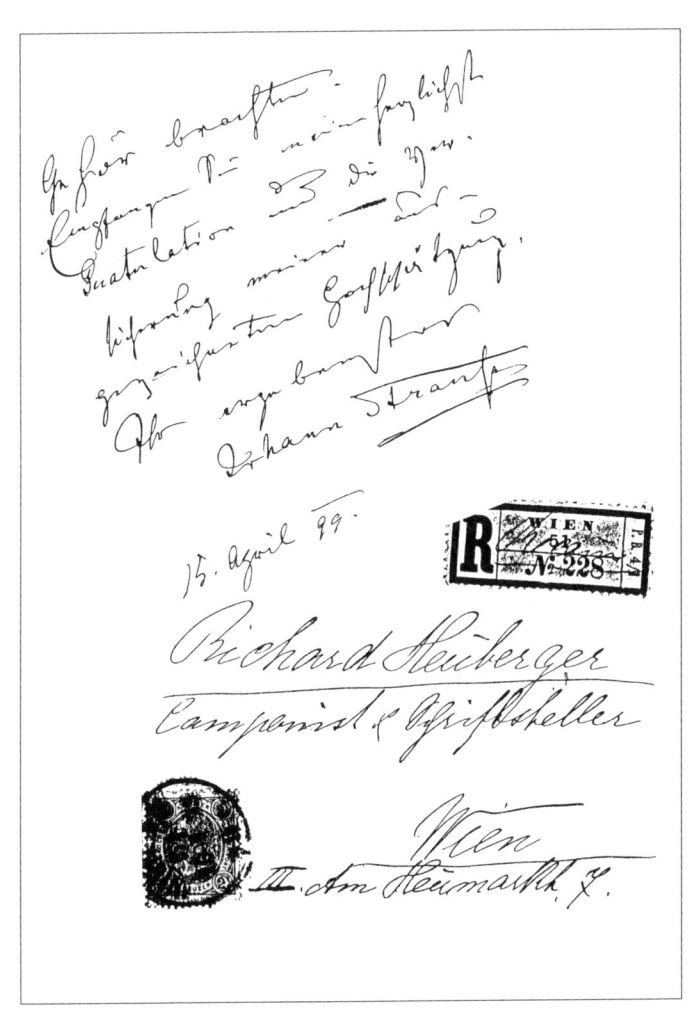

*Johann Strauss nimmt Heubergers Widmung von „Ihre Excellenz" an*

*Die weiteren Operetten*

Der aufrichtigen Verehrung, die Heuberger für Johann Strauß hegt und ausdrückt, steht hier die zweifelhafte Freundlichkeit des im höchsten Maße empfindlichen, eifersüchtigen Walzerkönigs gegenüber. Das wird schon nach dem Erfolg des „Opernballs" – wie wir gleich sehen werden – in einem Dokument deutlich, dessen Veröffentlichung Johann Strauß wohl kaum gefreut hätte.

Richard Heuberger ist – wie wir schon von früher wissen – nicht immer diplomatisch in seiner Vorgangsweise und vorbehaltlos offen und ehrlich in seinen musikkritischen Artikeln. Das beweist er auch bei Rezensionen über Bühnenwerke seines sonst so sehr verehrten Kollegen Johann Strauß. Er wagt es, auch offenkundige Schwächen darin aufzudecken. Als Beispiel dafür diene Heubergers Besprechung der Erstaufführung von „Jabuka oder Das Apfelfest" von Johann Strauß am Theater an der Wien.

*„... Die Musik ist echter, wenn auch stillerer, besonnenerer Strauss, der das helle, jugendliche Lachen der ‚Fledermaus' nicht mehr anschlägt ...*
*Es ist zwar bei solchen Anlässen ziemlich allgemein, die Wahrheit nur zu sagen, wenn sie absolut schön klingt. Einen Meister wie Strauss ehrt man aber durch dergleichen schlecht. Es bleibt, abgesehen von einigen Vorbehalten, des Guten genug übrig. In den faulen Apfel blinder Lobrednerei beißen wir auch beim ‚Apfelfest' nicht ..."*

Diese fast schon peinliche Aufrichtigkeit und Auffassung, einen genialen Künstler nicht nur durch Lobreden, sondern vor allem durch ehrliche Kritik zu ehren, finden wir ja auch im viel geschmähten Nachruf Heubergers auf Anton Bruckner in der „Neuen Freien Presse".

Johann Strauß kann Heuberger diese Ehrlichkeit nie verzeihen. In seiner Einstellung dem Kollegen gegenüber drücken sich Eifersucht, Missgunst, Verlogenheit und Zurückweisung aus. Eberhard Würzl belegt dies in seiner Dissertation über Johann Strauß (1987): *„... Strauß gönnte seinem jüngsten Konkurrenten auf dem Feld der Operette den großen Erfolg nicht und bezichtigt ihn in einem Brief an Schwager Simon auf kleinliche und unsachliche Weise des Plagiats ..."*

Diesen Brief von Johann Strauß an seinen Schwager J. Simon, undatiert, aber sicher unmittelbar nach der „Opernball"-Premiere, finden wir in der Handschriftensammlung der Wiener Stadt- und Landesbibliothek:

*„Lieber Pips!*
*Endlich hab ich sie gefunden, die böse That, das Verbrechen des Componisten der jüngsten Operette im Wiednertheater! Verfluchter Kerl! Geschickt hat er's gemacht, aber doch erkennbar – hätte er's noch geschickter gemacht, vielleicht wäre zuviel <u>Heu</u> hineingearbeitet worden u. kein Erfolg gewesen. Der Melodiegang dieses mir so sehr angerühmten Walzers ist übrigens in älteren Walzern mit <u>sehr kleinen</u> Veränderungen auch schon dagewesen. Also was ist neu davon? <u>Die Keckheit!</u> –*
*Der Anfang ist aus alten Walzern, u. z. die ersten 2 Takte. 3. u. 4. Takt sind Note für Note von Delibes! So ein Kerl will Walzer schreiben? Die Schwanzhaare soll man ihm, wenn er welche hat ausreißen u. ihm in einer Sardellensauce zu fressen geben damit er lebenslänglich 10 mal des Tages scheißen muss u. z. mit obligaten Bauchkrämpfen und Speiberei.*
*Selbstverständlich ist diese Kritik (?) Niemandem ausser Max (auch nur wenn Du mit ihm <u>allein</u> bist) u. wenn es sein muss, mitzutheilen ..."*

Heuberger ahnte davon nichts. Anlässlich des Ablebens von Johann Strauß schreibt er einen Nachruf in der „Münchner Allgemeinen Zeitung" vom 4. 6. 1899, in dem er seine ehrliche, bewundernde, wenn auch keinesfalls glorifizierende Meinung über den Walzerkönig äußert.

Aber nun zurück zur Operette „Ihre Excellenz" und ihrer Aufnahme. Aus unbegreiflichen Gründen ist dieses Werk von der Operettenbühne total verschwunden. Vielleicht liegt es an jenen Aspekten, die schon bei der Besprechung des „Opernballs" hervorgehoben wurden: Das Operettenpublikum der Jahrhundertwende weiß mit der allzu feinen Partitur Heubergers nicht viel anzufangen. Heute wäre diese Operette in ihrer Originalfassung sicherlich eine Bereicherung für das Repertoire jedes Musiktheaters. Ich betone das Wort „Originalfassung" deshalb, weil im Jahre 1940 diese Operette von Bruno Hardt-Warden und Rudolf Zindler unter dem Titel „Eine entzückende Frau" völlig neu bearbeitet wird und eine gravierende textliche und musikalische Veränderung erfährt. Die Besonderheit dieser Bearbeitung liegt im neuen 2. Finale. Die Bearbeiter hängen an die Heuberger'sche Musik des 2. Aktes das 2. Finale der Johann-Strauß-Operette „Indigo" (neue Fassung) an! Etwas Ärgeres konnten sie dem Werk Heubergers nicht antun!

Die schönen Erfolge seiner beiden Operetten geben Heuberger einen unerhörten Auftrieb, stacheln seinen Arbeitseifer an und animieren ihn sofort zum Komponieren eines neuen Bühnenwerkes: „Der Sechsuhrzug".

Diese Operette sollte ursprünglich „Decoriert" heißen, nach dem Titel „Décoré" des Originalstückes von Henri Meilhac. Das Libretto stammt aus der Feder von Viktor Léon und Leo Stein und wird Heuberger als Ersatz für ein abgelehntes Libretto angeboten.

Dieses abgelehnte Textbuch verwendet schließlich Kapellmeister Adolf Müller nach dem Tode von Johann Strauß für eine „Potpourri-Operette" nach Melodien von Johann Strauß. Sie heißt „Wiener Blut" und schlägt nach anfänglichem Misserfolg drei

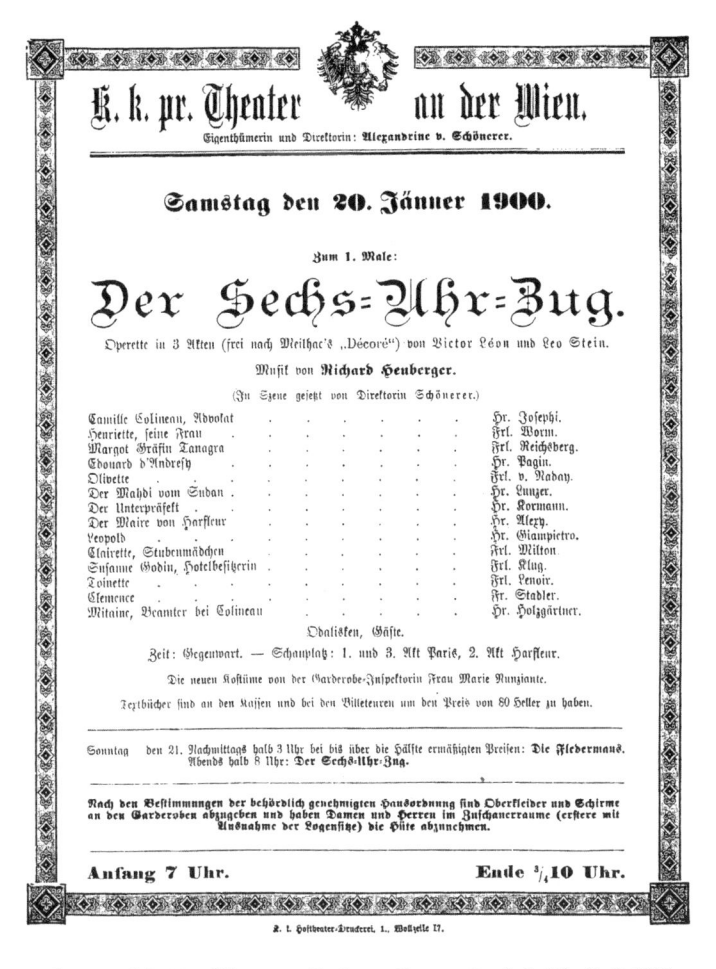

*Theaterzettel der Uraufführung von Heubergers Operette „Der Sechs-Uhr-Zug", 1900*

Jahre später großartig ein. Es war wahrscheinlich sehr vernünftig von Heuberger, diesen Stoff abzulehnen. Er hat wenig Zugang zur Heurigen-Atmosphäre und zum Vorstadt-Wienerisch, die nach diesem Buch musikalisch umzusetzen wären.

Das Ersatz-Libretto ist aber leider nicht ebenbürtig. Dennoch stürzt sich Richard Heuberger in die Arbeit und bringt die Operette am 20. 1. 1900 am Theater an der Wien mit geringem Erfolg zur Uraufführung. Dem Textbuch dieses Werkes fehlt der zündende Einfall. Die in Frankreich angesiedelte Geschichte von zwei Ehegatten und ihren misslungenen Ehebrüchen ist zwar nicht ohne Reiz, aber nur im 1. Akt von wirklicher Lustspielqualität. Der operettenhafte Unsinn nimmt gegen Ende des Stückes zu.

Der Misserfolg des „Sechsuhrzuges" hat aber auch gute Seiten; Heuberger ist nun wesentlich vorsichtiger in der Wahl der Textbücher. Er sucht nach wie vor nach einem musikalischen Lustspiel höchster Qualität, nach einem Mittelding zwischen komischer Oper und Operette in modernem Milieu und im „Konversationsstil". Diese Qualitäten verspricht er sich wahrscheinlich von dem Libretto „Das Baby", das ihm H. v. Waldberg und A. M. Willner nach einer Textvorlage von Pinero anbieten. Heuberger bekommt Anfang Jänner 1901 das Textbuch und schließt die Partitur am 28. 12. 1901 ab.

Stofflich besteht das Werk aus Elementen des „Opernballs" und der „Fledermaus". Ähnlich wie der Marinekadett aus dem „Opernball" zeigt sich im „Baby" Fredy, der jugendliche Sohn des Senators Schwabach, als Lebemann. Er wird aber von seiner eitlen Mutter als „noch fünfzehnjähriger" Junge ausgegeben. Fredys erwachende Männlichkeit führt im Gegensatz dazu natürlich zu komischen Situationen. Ähnlich wie in der „Fledermaus" treffen sich alle handelnden Personen im 2. Akt in vergnüglicher Atmosphäre, hier in den „Amorsälen", und werden im 2. Finale von der Polizei verhaftet. Der 3. Akt – wieder eine Parallele – spielt im Gefängnis.

Musikalisch schließt Heuberger direkt an die Diktion des „Opernballs" an und schreibt Walzermelodien, die zu Unrecht vergessen wurden. Wie immer verlangt er von den Sängerinnen und Sängern Opernstimmen und hohe Musikalität. Die Gesangsmelodien sind „eingebettet" in das Orchester; auffallend sind wieder die Sexten- und Nonensprünge, die typisch Heuberger'schen Sext-

```
Preis dieses           Preis dieses
  Zettels      Mittwoch, den 22. Oktober 1902.      Zettels
20 Heller.                                        20 Heller.

                    Carl-Theater.

                    Das Baby.
      Operette in 3 Akten, frei nach Pinero, von H. von Waldberg und A. M. Willner.
                       Musik von Richard Heuberger.
      Regie: Direktor A. Amann.           Dirigent: Arthur Bodanzky.
Christian Schwabach, Schiffsrheder und Senator . . . . Karl Blasel
Isabella, dessen Gattin . . . . . . . . . . . . . . . Josefine Jelly
Alfred, deren Sohn aus erster Ehe . . . . . . . . . Fritz Werner
Valesca von Marienbruck, Isabella's Schwester . . . . Betty Stojan
Buller, Senator und Polizeirichter . . . . . . . . . Friedrich Becker
Egon von Hartwill, Generalkonsul . . . . . . . . . Rudolf Hofbauer
Hanns Paulsen, Schiffskapitän . . . . . . . . . . . Willy Bauer
Blendermann, Restaurateur . . . . . . . . . . . . Heinrich Koch
Charles, Oberkellner . . . . . . . . . . . . . . . Ferdinand Robert
Lotte, Stubenmädchen bei Schwabach . . . . . . . . Else Föry
Hammerfest, Polizeisekretär . . . . . . . . . . . . Sigmund Raché
Knarre, Polizeiwachtmeister . . . . . . . . . . . . Ernst Greisnegger
Schulze,  ⎱                                        Ernst Binder
Görner,   ⎬ Polizisten                             Adolf Teichler
Schnabel, ⎱                                        Hugo Steiner
Dolly,  ⎱ Tanzsängerinnen                          Lina Conti
Molly,  ⎰                                          Gisela Astley
Eine Künstlerin . . . . . . . . . . . . . . . . . . Emmy Rollé
Erster Gast . . . . . . . . . . . . . . . . . . . . Fritz Wilczek
Zweiter Gast . . . . . . . . . . . . . . . . . . . August Goldschmidt
                 Künstler, Künstlerinnen, Gäste, Dienerschaft.
      Ort der Handlung: Eine deutsche Hafenstadt. — Zeit: Die Gegenwart.
                Die neuen Dekorationen vom Maler Karl Peter.
                 Die neuen Kostüme von Rupert Holzer.
          Der choreographische Theil wurde von Alfred Rathner einstudirt.
             Nach dem 1. Akte findet eine längere Pause statt.
Cassa-Eröffnung 7 Uhr.      Anfang halb 8 Uhr.        Ende 10 Uhr.
            Donnerstag, den 23. bis Samstag, den 25.: Das Baby.
Sonntag, den 26., Nachm. halb 3 Uhr (Ermässigte Preise), zum 168. Male: Das süsse Mädel.
                     Abends halb 8 Uhr: Das Baby.

                     P. Dvořák & Comp., Wien.
```

*Theaterzettel der Heuberger-Operette „Das Baby", 1902*

akkordzerlegungen und der „umgebogene Leitton". Im 2. Akt fühlt sich der Komponist ganz in seinem Element. Er schildert das mitreißende Treiben in den „Amorsälen"; ein Männerduett mit spielopernhaftem Einschlag, ein Koloraturwalzer und ein Terzett in D-Dur mit schönem Walzer sind die Glanzlichter dieses Aktes. Die Uraufführung der Operette „Das Baby" findet nicht mehr am Theater an der Wien statt, sondern am 3. 10. 1902 am Carl-Theater unter der Direktion von Amann und Müller. Sie steht unter der musikalischen Leitung von Heubergers Freund Alexander von Zemlinsky, nach einer Einstudierung von Arthur Bodanzky, dem damaligen zweiten Kapellmeister am Theater an der Wien. Bodanzky war dann übrigens 1903/1904 Korrepetitor an der Wiener Hofoper unter Gustav Mahler.

Wie beim 1. Akt des „Opernballs" versichert sich Heuberger auch beim „Baby" der Mithilfe Zemlinskys beim Instrumentieren einzelner Nummern. Über Besetzungsprobleme gibt ein undatierter Brief Zemlinskys an Richard Heuberger (aus dem Besitz der Familie Heuberger) Aufschluss:

„… *Selbstverständlich ist die Palmay – als Schauspielerin – die weitaus glänzendste Besetzung für den Alfred. Ich habe das auch bereits Herrn Dir. Müller gesagt und wenn Ihnen nicht viel am Gesanglichen liegt, dann allerdings nur Palmay. Frl. Zwerenz, wie große Mängel sie auch in der Stimme hat, wird den musikalischen Theil der Parthie ungleich besser als die P. bringen – das ist ganz sicher. Sie studiert mit ungeheurem Fleiß, wirklich rührender Freude an der Parthie. Und wenn Sie sich dann noch der Mühe unterziehen ihr Ihre Intentionen beizubringen, so wird das eine sehr hübsche Aufführung. Das ist wirklich meine Überzeugung. Geniales darf man natürlich von der Z. nicht erwarten. Sie vergessen jedoch … dass ja die Op. Gott sei Dank noch andere Qualitäten aufzuweisen hat, welche auch bei einer nichtgenialen Vertretung des Alf. dem Stück den Erfolg sichert …* "

Tatsächlich aber wird dann die Partie des Alfred anstatt von einer Frau von einem Mann (Fritz Werner) gesungen. Warum man diese

Umbesetzung, die ganz gewiss nicht im Sinne des Komponisten geschieht, vornimmt, entzieht sich meinen Nachforschungen. Allerdings gibt es eine kurze Tagebuchnotiz Heubergers vom 20. 1. 1902, die eventuell mit dieser Besetzungsproblematik zu tun haben könnte. Interessant ist besonders der (mit Bleistift wahrscheinlich später hinzugefügte) Nachsatz Heubergers, der ein aufschlussreiches Licht auf seine Arbeitsbeziehung zu Léon wirft:

„*Wieder ein Unglück! Musste die Operette ‚Baby' für diese Saison zurückziehen. – Schlechte Besetzung! Alle Theaterleute nur halb bei der Sache! Für 8. März haben Léon und Stein die Palmay für ihr Stück zu gewinnen gewusst! Für mich war sie nicht zu haben!* [Zusatz mit Bleistift:] *Léon arbeitet auf's Schärfste gegen mich!*"

Erst sieben Jahre später wird die Operette an der Wiener Volksoper unter Direktor Rainer Simons wieder aufgeführt. Das „Neue Wiener Tagblatt" vom 5. 3. 1909 schreibt auch diesmal begeistert über die Aufführung: „… *Schon vor Jahren hatte das reizende Werk im Carl-Theater Erfolg, der aber von dem gestrigen weit übertroffen wurde. Das Publikum lachte aus vollem Halse, es begleitete die vielen entzückenden Walzer Heubergers mit vergnügtem Kopfnicken, ließ sich das fesche instrumentale Vorspiel zum letzten Akt wiederholen, das Werk hat eingeschlagen … Sehr zustatten kam dem Werk, dass die Rolle des Baby nicht wie seinerzeit von einem Herrn, sondern von einer Dame gegeben wurde …*"

Dass diese Operette nicht zum dauernden Repertoirestück wird, liegt wahrscheinlich an dem Misstrauen, mit dem man der „Zwitterstellung" des Werkes begegnet. Es hält die Mitte zwischen komischer Oper und Operette. Kritiker jener Zeit nennen „Das Baby" das Werk eines „Professors der Operette" und spielen damit auf die soziale und berufliche Stellung Heubergers an.

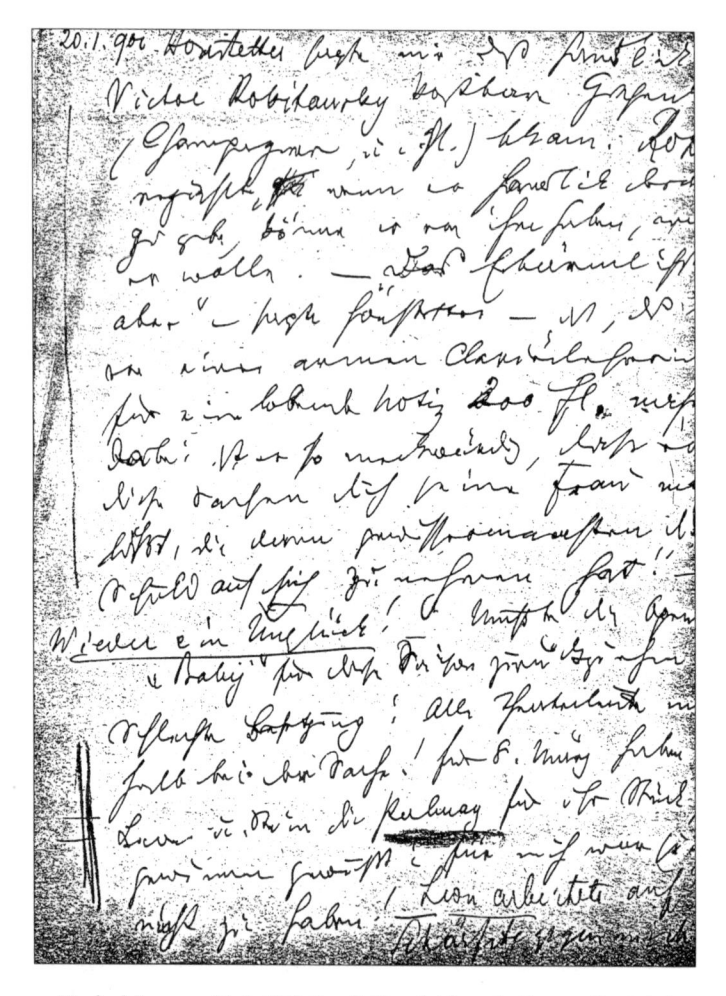

*Tagebucheintragung 20. 1. 1892 über die Zurückziehung der Operette „Das Baby"*

# Arbeit und Reisen
# mit dem Wiener Männergesang-Verein

Im Februar 1902 nimmt Richard Heuberger eine Berufung als 2. Chormeister des Wiener Männergesangvereines neben Eduard Kremser an.

Mit dem Chorwesen hat sich der Komponist ja seit seinen Jugendjahren beschäftigt und sehr schöne Werke für gemischten Chor, aber auch für den Männerchor verfasst. Erfahrungen als Chorleiter brachte er bereits aus Graz mit. In Wien hat er sie beim Akademischen Gesangverein und in der Singakademie ausgebaut. Schon damals liebäugelte er mit einer Chorleiterstelle beim WMGV, nur das schwere Leiden und der Tod seiner ersten Gattin hielten ihn davor zurück, sich in Wien allzu fest zu verpflichten.

Als Chormeister des WMGV ist er aufgeschlossen für Neues und scheut auch hier nicht Auseinandersetzungen. In seiner bekannt geradlinigen, undiplomatischen, manchmal sogar sturen Art bringt er es zwar zu unbestrittenen Erfolgen in Wiener Konzerten und auf den Tourneen des Vereins. Aber er schafft sich damit neben Freunden auch Feinde.

Gleich zu Beginn seiner Tätigkeit als 2. Chormeister versucht Richard Heuberger, das Repertoire des Vereins aus dem Liedertafelniveau herauszuheben. Hier gibt es immer wieder Differenzen mit dem konservativen 1. Chormeister Eduard Kremser, der sich gegen die wohl gemeinte künstlerische Chorerziehung Heubergers wehrt.

Heubergers Verstimmung geht so weit, dass er im September 1905 zurücktreten will, sich aber schließlich doch zum Bleiben überreden lässt.

## Wiener Männergesang-Verein.
63. Vereinsjahr 1905—1906. — 769. öffentliche Produktion.

# VOLKS-KONZERT
Freitag (Feiertag), den 2. Februar 1906
nachmittags halb 5 Uhr
im
## GROSSEN MUSIKVEREINS-SAALE
unter der Leitung
des Ehrenchormeisters Herrn **Eduard Kremser** und des Chormeisters Herrn **Richard Heuberger** und unter gefälliger Mitwirkung des Herrn Konzertmeisters Professor **Karl Prill.**

PROGRAMM:

„Mondenschein" (Schober). Chor mit Klavierbegleitung **Franz Schubert.**
(Klavierbegleitung das Vereinsmitglied Herr Georg Valker.)
„Die Schaukel" (Camilla Leonhard) ............. **Josef Reiter.**
„Sei still" (H. v. Schorn) ...................... **Georg Schumann** (Neu).
„Der Leiermann" (aus dem deutschen Liederhort von Erk und Böhme), für Männerchor von .......... **A. v. Othegraven.**
Violinvortrag des Herrn Professor **Karl Prill**, Konzertmeister an der Hofoper.
„Ave verum corpus" ........................... **W. A. Mozart.**
„Der Tiroler Nachtwache 1810" (Eichendorff) .... **Rich. Heuberger** (Neu).
Liedervortrag des Vereinsmitgliedes Herrn **Dr. Raimund Haiatschka.**
(Klavierbegleitung das Vereinsmitglied Herr Georg Valker.)
„Nächtlicher Gruß" (J. N. Vogl) .................. **Franz Abt.**
Zwei Volkslieder:
 a) „Sandmännchen", für Männerchor von ........ **Ernst Schmid.**
 b) „Wohin mit der Freud'", für Männerchor von ... **Silcher.**
„Heini von Steier" (Dörpertanzweise aus „Frau Aventiure" von J. V. Scheffel) ............. **E. S. Engelsberg.**
Violinsolo Herr Professor Karl Prill.
(Klavierbegleitung das Vereinsmitglied Herr Georg Valker.)

Preise der Plätze:

Logensitze (I—V) 1. Reihe, Cerclesitze ....................... à 3·— Kronen
Logensitze (VI—IX) 1. Reihe, Parterre- und I. Galeriesitze 1. Reihe ....... „ 2·—  „
Divansitze, Logensitze (exklusive 1. Reihe), I. Galeriesitze (exklusive 1. Reihe) . „ 1·—  „
Orgel- und Orchestergaleriesitze, Sitze II. Galerie ............. „ —·60 Heller
Entrées ............................................ „ —·50  „

*Das ausführliche Programm wird* **unentgeltlich** *verteilt.*

*Konzertankündigung des WMGV, 1906*

In seinem Tagebuch schreibt Heuberger dazu: *"... Am 28. Sept. 1905 gab ich im M.G.V. meine Demission, die ich in einem ausführlichen Schreiben begründete. Schneiderhan machte meinen Demissionsbrief erst auf, als er mich dazu bewogen hatte, die Dem. zurückzuziehen (was eigentlich eine Dummheit ist). Der Brief wurde der Leitung aber zur Kenntnis gebracht ...*
*Mir ist's lieb, dass die Herrn eine Ahnung davon bekommen, wie dumm die Statuten sind u. wie unmöglich die Bedingungen, unter denen man arbeiten soll."*

Das Archiv des Wiener Männergesangvereins beherbergt viele Belege der Arbeit Richard Heubergers für diesen Verein. Das besondere Entgegenkommen und wissenschaftliche Verständnis des Archivars des WMGV (heute Vorstand des Vereins), Kurt Schuh, macht es möglich, dass sehr viel von dieser Proben- und Konzerttätigkeit in Noten, Bild- und Schriftmaterial dokumentiert werden kann. Das „Mitglieder-Stammblatt" Heubergers zeigt übersichtlich und knapp alle Aktivitäten des Komponisten im WMGV. In der Festschrift zum 100-jährigen Vereinsbestand (Adametz 1943) wird Heuberger naturgemäß mehrfach erwähnt. Einige Beispiele:

*„S. 198: Enthüllung des Kaiserin Elisabeth-Denkmals am 4. Juni 1907 im Volksgarten, eine von Heuberger komponierte Hymne wird gesungen.*
*S. 235: Feierliche Übertragung der Überreste Schuberts auf den Zentralfriedhof am 23. 9. 1888. Am Tag vor der Beisetzung wurde in den Nachmittagsstunden die Enterdigung der Leichenreste vorgenommen. Außer Amtspersonen und Abordnung des WMGV nur ein kleiner Kreis geladener Gäste: Schuberts Halbbruder Andreas, Bruckner und Heuberger ...*

*WMGV, Vereinsleitung 1907. Heuberger vorne Dritter von rechts.*

S. 259: *Chormeister Heuberger setzt sich für Männerchöre Max Regers ein."*

Eine kurze „Vereinsbiographie" Heubergers liest man auf den Seiten 326/327: Wichtige Daten daraus:
Vereinsmitglied: 12. 11. 1880–7. 12. 1881, 24. 1. 1902–8. 7. 1909
Chormeister:  5. 2. 1902–8. 7. 1909
Sängerreisen:  nach Ägypten (1905)
　　　　　　　nach Berlin (1906)
　　　　　　　nach London (1906)
　　　　　　　nach Amerika (1907)
　　　　　　　nach Thüringen (1909)
Heuberger widmet dem Wiener Männergesangverein einige seiner Kompositionen, so z. B.: „Nun grüß dich Gott, Frau Minne", Chor mit Orchester, „Galathea", Männerchor mit Klavier, „Sonn-

tagsjägerliedchen", Chor mit Orchester und „Sommernacht", Chor mit Klavier.

Viele Kompositionen und Chorbearbeitungen Heubergers werden in öffentlichen Konzerten oder Veranstaltungen erstaufgeführt. Es ist damals im Verein üblich, dass man für eine Erstaufführung mit dem Verein dem Komponisten einen Golddukaten spendet. Ein Dankschreiben Heubergers vom 28. 11. 1906 belegt dies:

*„Verehrl. Wr. Männergesang-Verein!*
*Trotzdem ich schon eine schöne Anzahl von Ehrenducaten vom W.M.G.V. empfing*
*hat mich jener für das „Spielmannslied" wieder innigst gefreut, umsomehr als er ein Stück betraf, das Freund Schneiderhan gewidmet ist. Herzlichen Dank.*

*Euer*
*R. Heuberger"*

Für die alljährlichen „Faschingsunternehmungen" des Vereins in den Sophiensälen komponiert Heuberger Chorcouplets, ja ganze Szenen mit Orchester. So z. B. „Anno dazumal" (1903) oder „Bilderbuch" (1904).

Dem Vereinsvorstand Franz Schneiderhan (1863–1938, u. a. Generalintendant der österreichischen Bundestheater und Präsident der Internationalen Stiftung Mozarteum) widmet er seine 5 Männerchöre op. 46, von denen das oben erwähnte „Spielmannslied" die Nr. 5 ist.

Schuberts Liedfragment „Meeresstille", der „23. Psalm" desselben Meisters sowie drei Mozart-Kanons werden für Männerchor bearbeitet. Im Verlag Adolf Robitschek, Wien, erscheinen sehr viele Männerchöre Heubergers.

Wie kein anderer Männerchor-Komponist vor ihm verlangt Heuberger von den Singstimmen schwierige instrumentale Effekte, er wird besonders in seinen letzten Opus-Nummern zum „Instrumentalisten des Männerchores".

Im Rahmen seiner Tätigkeit im WMGV hat der Komponist oft Gelegenheit, bedeutende Künstler zu fördern. So führt er – auch gegen den Widerstand der Chorleitung – öfters Chöre von Max Reger auf, der ihm und dem Verein aus Dankbarkeit seine 8 Gesänge für Männerchor, op. 83 widmet.

Für eine geplante Aufführung seiner „Hymne an den Gesang", op. 21 bedankt sich Reger in einer humorvollen Karte vom 20. 1. 1904:

*„Sehr geehrter Herr Professor!*
*Viel schönsten Dank! Ich freue mich ganz außerordentlich, dass Sie mein op. 21 ‚Hymne an den Gesang' zur Aufführung bringen und schulde ich Ihnen hiefür herzlichsten Dank! Zum 1. Male für Wien! Ich verrate Ihnen denn auch, dass ich demnächst Männerchöre schreiben werde zu famosen Texten, die ich Ihnen dann zur Uraufführung <u>reserviere</u>! Der Wiener Ansorgeverein wird demnächst von mir einiges bringen; darunter eine neue Sonate für Violine und Klavier, op. 72. Bitte hören Sie sich dieselbe an! U. strengstes Silentium werde ich Sie sehr dringend bitten. In Anbetracht dessen, dass mir immer vorgeworfen wird, dass meine Musik so unverständlich sei, heißen die beiden Themen, die im 1. und letzten Satz der Sonate so oft auftreten, so: es – c – h – a – f – e , a – f – f – e. Bitte amüsieren Sie sich nun gehörig als der <u>einzig</u> Wissende, wenn Sie op. 72 hören u. nochmals die Bitte um <u>strengstes Silentium gegen jedermann</u>. Nochmals allerherzlichsten Dank Ihres mit ausgezeichneter Hochachtung mit besten Empfehlungen ergebensten*

*Max Reger"*

*Heubergers Repertoire-Anmeldung, WMGV 1904*

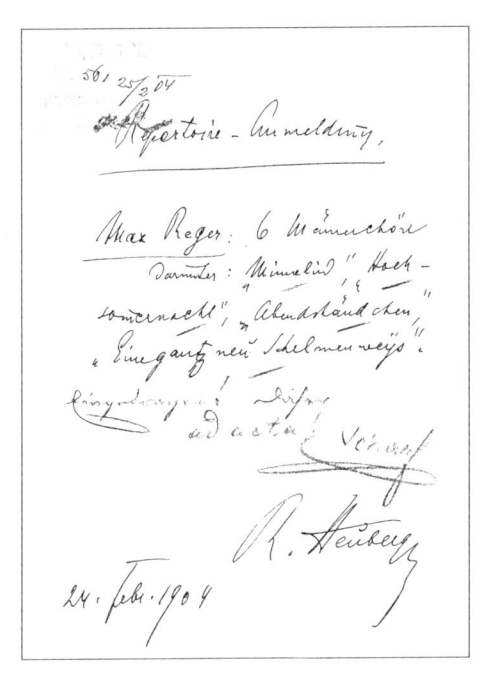

Die Stellung des 2. Chormeisters des Wiener Männergesang-Vereines ist für Richard Heuberger weder finanziell noch künstlerisch befriedigend. Statt einer ausreichenden Bezahlung gibt es nur „Ehrenhonorare". Außerdem liegen in dieser Stellung viel zu wenig künstlerische Kompetenzen. Bei der Programmauswahl der Konzerte, bei der Probenarbeit und schließlich in der Auswahl der Solisten hat der Vereinsvorstand und nicht der Chormeister das letzte Wort. Außerdem vereitelt das Abstimmrecht der engagierten, aber laienhaften Chormitglieder jede höherführende künstlerische Chorerziehung.

Und gerade Heuberger hat in seiner jahrelangen Tätigkeit stets danach getrachtet, die Vortragsfolge und Chorauswahl der Konzerte auf ein höheres Niveau zu heben, auch jüngere, modernere Chorkomponisten zu Wort kommen zu lassen und mit der Tradition der „Liedertafelei" zu brechen. Diese Bestrebungen werden ihm besonders von dem konservativen 1. Chormeister Eduard Kremser sehr übel genommen. Im Tagebuch Heubergers steht u. a. am 19. 9. 1909 folgende rückblickende Eintragung: *„… Bei der Winterliedertafel 1907 sagte mir Kr. [Kremser] in einer Pause, dass das ganze Genre des Männergesangs nichts heiße und überlebt sei. Ich sagte ihm, dass ich anderer Ansicht sei und nur die Liedertafelmusik für Mist und überlebt hielte."*

Vom 21. 4. bis 27. 5. 1907 begleitet Richard Heuberger den Wiener Männergesangverein auf seiner Konzertreise in die USA. Er hat ja schon 1905 an der Ägyptenreise und 1906 an den Reisen nach Berlin und London teilgenommen. Die Amerikareise verläuft künstlerisch sehr erfolgreich. Präsident Roosevelt zeichnet den Komponisten aus, seine Chöre müssen des Öfteren wiederholt werden.

Richard Heuberger schreibt im „Neuen Wiener Tagblatt" als „Spezialberichterstatter" eine mehrteilige Feuilleton-Serie über diese Reise. Dabei gelingt ihm eine wunderschöne Apotheose auf den Idealismus und den Gemeinschaftssinn von Amateurchören, die auch heute noch ihre Gültigkeit besitzt („Reisebrief" vom 17. 5. 1907 des „Neuen Wiener Tagblattes"):

*„Dort, in der Neuen Welt, soll es – angeblich – keinen Idealismus geben. Das ist irrig! Er hat nur andere Formen. Der praktische Amerikaner ist in der Jugend insofern ideal, als er ‚seine Sach' auf sich selbst stellt, als er es vermeidet, der Allgemeinheit zur Last zu fallen. Hat er durch rastlose Arbeit – und sei es in nüchternsten Geschäften – sich Vermögen und Ansehen erworben, so stellt sich die europäische Kinderkrankheit, der Idealismus, bei ihm als Alterserscheinung ein; er baut Sternwarten, spendet ungeheure Fernrohre, gründet Volksbibliotheken und ernste Wohlfahrtseinrichtungen. Das ist entschieden ideal, so sehr sich's dabei immer wieder um Geld und Geld dreht.*

*Und in dieses Land zieht jetzt der Wiener Männergesangverein, um zu – singen. Gegen zweihundert Männer aus allen Berufskreisen machen eine mehr als tausend Meilen weite Fahrt, um dort ihre Lieder erklingen zu lassen und dafür nichts anderes zu erwarten, als herzliche Aufnahme. Der Wiener Männergesangverein muss demnach doch mehr sein, als eine Schar schwarzbefrackter Herren, die es in der Behandlung der Brust- und Kopfstimme, im Zusammengesang, im Vortrage von Chorwerken zur Virtuosität gebracht hat. Und er ist mehr, v i e l mehr.*

*Der Gesang wird zweifelsohne in erster Linie gepflegt. Wer nicht hinlänglich Stimme und musikalische Schulung besitzt, wird nicht aufgenommen. Aber neben dem Gesang wird – ohne dass es in trockenen ‚Statuten' stünde – etwas weit Edleres, Höheres geübt: Wirklicher Idealismus, reine Menschlichkeit!*

*Die Mitglieder des Vereins gehören allen bürgerlichen Kreisen an … Also ein ausgesprochen bürgerlicher Verein. Außerdem ein Verein, in welchem etwas, was in der weiten Welt so eifrig gesucht und so selten gefunden wird, als Hauptgrundsatz gilt: die Gleichberechtigung.*

*Da sitzt neben dem Hochschulprofessor der Student, neben dem Sektionschef oder Hofrat der kleine Beamte, neben dem Bankdirektor der kommerzielle Anfänger, neben dem Großindustriellen ein bescheidener Gewerbsmann. Keiner mehr, keiner weniger als der andere.*

*Was aber noch weit wichtigere Wirkungen ausübt als die Berührung von Männern derselben Berufsart, ist die Mischung verschiedener Richtungen der Lebens- und Erwerbsbetätigung. Der Arzt findet Gelegenheit, dem Kaufmann näherzutreten, der Ingenieur oder Architekt hört den Juristen über bemerkenswerte Fälle seines Faches sprechen, der Geistliche findet ein warmes Herz bei Andersgläubigen … "*

Am 7. 5. 1907 liest man im „Neuen Wiener Tagblatt" über das Tagesprogramm der Wiener Sänger vom Sonntag, 5. 5. und Mon-

*Arbeit und Reisen mit dem Wiener Männergesang-Verein*

*Kremser, Schneiderhan und Heuberger, Amerikareise 1907*

*Konzertankündigungen während der Amerikareise des WMGV, 1907*

*Arbeit und Reisen mit dem Wiener Männergesang-Verein*

*Thüringen-Reise 1909*

*Vor den Pyramiden, WMGV 1905*

*Ägyptenreise des WMGV, 1905*

tag, 6. 5. 1907: „... *Nach dem in einem Hotel nächst dem Bahnhofe eingenommenen Lunch begeben sich die Wiener zu dem für ½ 3 Uhr angesetzten Empfange nach dem ‚Executive Mansion', dem W e i ß e n   H a u s e, um Präsident Roosevelt eine Sängerhuldigung darzubringen ...*"

In seinem Tagebuch vermerkt Richard Heuberger am 6. Mai 1907 : „... *bei etwas Regen angekommen, der bei der Rundfahrt in der wunderschönen Stadt zu einem geradezu gräulichem Gewittergusse wurde. – Ins ‚Weiße Haus'.*
*Der einfache, <u>sehr</u> noble Saal war gut akustisch. Eine Doppelschiebethür öffnete sich, Roosevelt und Frau kamen, dahinter der militärische und Civilstab u. persönliche Freunde R.s. Ich fing an, machte eine tiefe Hofverbeugung. Roosevelt stand auf, erwiderte den Gruß u. grüßte die Herren ...*"

Dem Präsidenten gefällt Heubergers Komposition „Tiroler Nachtwache" so sehr, dass er um eine Wiederholung bittet.

Aber es kommt in privater und „geschäftlicher" Hinsicht immer häufiger zu Differenzen mit der Vereinsleitung und mit Eduard Kremser. In Buffalo soll auf Wunsch deutsch-amerikanischer Sänger Heubergers „Tiroler Nachtwache" aufs Programm gesetzt werden; die Vereinsleitung aber weigert sich, den Chor aufzuführen, vermutlich aus Rücksicht auf Kremser.

Durch seine kompromisslose und direkte Art schafft sich Heuberger viele Gegner im Verein, und während der Sängerfahrt nach Weimar und Eisenach festigt sich in ihm der Entschluss, zurücktreten zu müssen. Die offizielle Erklärung erfolgt im September 1909. Im Manuskript von Hernrieds Heuberger-Biographie findet sich sich eine Geschichte, die sonst in keinem Bericht aufscheint. Hernried wird sie wohl direkt von seinem Freund und Lehrer erfahren haben: *„Nach Verlesung seiner offiziellen Rücktrittserklärung im Plenum wurde er zum Ehrenmitglied ernannt. Als aber unmittelbar nachher seine Abschiedsworte an den Verein verlesen wurden, in denen er die Missstände ungeschminkt schilderte, wurde diese Ernennung wieder rückgängig gemacht."*

Leider hat der WMGV bis heute versäumt, die Person Heubergers von seinem Werk zu trennen. Viele Männerchöre des Komponisten wären es wert, wieder in ein Konzertprogramm aufgenommen zu werden.

# Letzte Werke,
# Lehrtätigkeit, Ausklang

Das neue Jahrhundert beschert Heuberger auch eine Menge neuer Aspekte und Möglichkeiten für seine Arbeit. Aber er bleibt ein ewig Suchender. Die Vielfalt seine Begabungen und Interessen lässt manche Verlockung in den Bereich seiner Aufgaben und Ziele rücken und führt auch auf neue, zukunftsweisende Wege.

Gemeinsam mit Paul Hammerschlag und dem Großindustriellen Theodor Hämmerle gründet Heuberger 1900 den „Wiener Concertverein", der das bisherige „Neue philharmonische Orchester" als „Wiener Concertvereins-Orchester" neu organisiert. (Aus diesem Orchester gehen später die Wiener Symphoniker hervor.) Richard Heuberger und Ferdinand Löwe sind am Aufbau dieses Orchesters maßgeblich beteiligt. Das Eröffnungskonzert findet am 30. 10. 1900 im Großen Musikvereinssaal statt.

Zu Heubergers Aufgaben gehören u. a. die Programmbildung der Konzerte des neu gegründeten Vereinsorchesters (Leitung: Ferdinand Löwe). Manchmal dirigiert Heuberger das Orchester selbst, wenn Kapellmeister Adolf Müller verhindert ist. Ferner hat sich Heuberger um die Verpflichtung von geeigneten Musikern zu kümmern. In diesem Zusammenhang schreibt ihm der berühmte Violinpädagoge Otakar Sevcik einen Brief aus Prag, worin er seine besten Schüler zum Vorspielen vorschlägt:

*„Hochverehrter Herr Professor!*
*Nach Empfang Ihrer geschätzten Zeilen ließ ich die beiliegende Notiz in die Zeitungen einrücken, um die betreffenden Kreise aufmerk-*

*sam zu machen, dass Musiker für den Wiener Konzertverein gesucht werden ...*
*Wenn die vacanten Stellen erst nach dem 9. Juli anzutreten wären, so könnte ich einige von unseren besten Schülern, die im Juli absolviren werden, auffordern, sich jetzt zum Probespiel einzustellen. Eine ganz vorzügliche dreijährige Orchesterdressur haben alle durchgemacht.*
*...*
*In vorzüglicher Hochachtung*
*ergebener Ot. Sevcik"*

Nachdem sich Heuberger vom Kritikeramt bei der „Neuen Freien Presse" zurückgezogen hat, geht es ihm finanziell nicht sehr gut. Daher sucht der Komponist nach neuen Verdienstmöglichkeiten außerhalb von Wien, z. B. nach einer Anstellung an einem größerem Konservatorium. Er steht sogar in Briefkontakt mit Wilhelm Gericke, der Verbindung zum „Ziegfeld College" in Chicago hat.

Bei Joseph Joachim fragt Heuberger brieflich an, ob er nicht eine für ihn geeignete Dirigentenstelle in Deutschland wüsste. In seinem Antwortbrief vom 14. 1. 1902 vertröstet Joachim den Komponisten: *„... Sollte ich mit der Zeit etwas erfahren, das einem durch das reiche künstlerische Leben Wiens gewiss verwöhnten Manne zusagen könnte, so werde ich nicht verfehlen, es Ihnen zu melden und wenn Sie es wünschten, ein empfehlendes Wort zu schreiben, denn Ihre vielseitige Begabung und Ihr musikalisches Können sind mir ja vorteilhaft bekannt."*

Auch bei Felix Mottl sucht der Komponist Rat und Hilfe. Er „weint" sich dabei über die Wiener Verhältnisse aus. Mottl antwortet Heuberger in einem amüsanten Brief aus Karlsruhe vom 12. 2. 1902, der die Situation des Kulturlebens der Zeit sehr gut illustriert.

*„Dass Sie nun auch unserer alten Wienerstadt den Rücken kehren wollen, ist sehr betrübend! Soll denn die musikalische Secession mit ihren 24 gestopften Hörnern und getheilten Tamtams (Tamti divisi) völlig siegreich werden, in der Stadt, in der wir alten österreichischen Musikanten unsere Schubert-Mozart-Beethoven'sche Muttermilch eingesogen haben? ...*
...
*Also, lieber Freund! Ein Rath aus wohlmeinender Seele! Bleiben Sie, wenn irgend möglich in unserem lieben Wien! Wir dürfen es nicht ausliefern an jene musikalischen Indianer, welche Es-Clarinetten und Posaunen zu Beethoven'schen Symphonien setzen* [ein Seitenhieb auf Mahlers Instrumentierungskorrekturen] *und welche 14 verschiedene Tempi in einem Allegro von Mozart taktieren!*
...
*Sie haben mich um meine Meinung gefragt. Voila! Ob ich recht habe, ist etwas anderes! ..."*

Auf seiner Suche nach Arbeit zur Verbesserung seiner Einkünfte übernimmt Heuberger von 1904 bis 1906 die Redaktion des „Musikbuches aus Österreich". Kurzfristig versucht er es auch mit der Schriftleitung der „Neuen Musikalischen Presse", was er aber nach Differenzen mit den Herausgebern nach sechs Wochen aufgibt.

Das Ministerium für Kultus und Unterricht ernennt den Komponisten 1906 zum Mitglied des Sachverständigenkollegiums in Sachen des Urheberrechtes für den Bereich der Tonkunst.

Joseph Hellmesberger, Hofkapellmeister und artistischer Direktor der Gesellschaft der Musikfreunde in Wien, bittet Heuberger – kurz nach dem Tode von dessen Gattin Johanna –, an seiner Stelle einige Orchesterkonzerte anlässlich der Weltausstellung in St. Louis zu dirigieren. Rasch entschlossen übernimmt Heuberger den Auftrag und fährt am 1. Mai 1904 nach Bremen, wo er sich nach Amerika einschifft.

Ein Teil des Ausstellungsgeländes in St. Louis ist „tirolerisch" hergerichtet. Dort finden auch die Orchesterkonzerte statt. Nach Heubergers Briefen spielt das Orchester recht gut und die Konzerte sind von Erfolg gekrönt. In einem Brief vom 17. 5. 1904 an Carl Komzak aus St. Louis schreibt Heuberger:

*„Lieber Freund!*
*Gestern war also mein erstes Conzert. Ging famos. – Das Orchester ist aus fast durchweg erstclassigen und netten, liebenswürdigen Leuten zusammengesetzt. Ich legte in der 1. Probe – damit die Herren doch wissen, mit wem sie zu thun haben – meine „Morgenland"-Suite auf, die sehr gefiel. Dann studirte ich – recht detaillirt – etliche Strauss'sche Walzer. Ich bemerkte, dass sie alle mit Animo studirten.*
*…*
*Stewart, der der 1. Probe beiwohnte, kam danach auf mich zu u. sagte: ‚Sie sind unser Mann'. Das größte Lob aber sagte er mir abends. Er erzählte mir, dass er zu Benedix (der auch jeden Abend etliche Nummern dirigirt – ein sehr netter Mensch) gesagt habe: ‚Der Heuberger macht die Walzer so gut wie Komzak!' – Das hat mich sehr gefreut, denn ich weiß, dass Ihnen das Niemand gleich thut. Die meisten sogenannten ‚ernsten Musiker' nehmen das auf die leichte Achsel u. glauben, das sei keine Kunst. Ich halte das aber für eine <u>große</u> Kunst. Brahms u. Wagner waren auch dieser Ansicht …"*

Ende August kehrt Heuberger nach Wien zurück und erholt sich von den Strapazen der Reise in Karlsbad. Schon in Amerika klagte er über sein Nierenleiden und eine Gallensteinkolik.

Heubergers ernste Pläne im Jahre 1902, im Ausland eine geeignete Stelle zu finden und anzunehmen, werden ab Mai 1902 vorläufig überflüssig. Das Konservatorium der Gesellschaft der Musikfreunde (später k. k. Akademie für Musik und darstellende Kunst) beruft Heuberger als Lehrer für Dramatische Komposition. Direktor des Konservatoriums ist damals Richard von Perger. Auch einige Privatschüler stellen sich ein; so z. B. Robert Hernried, sein erster Biograph, und Pater Huygens, der einige Jahre später den verstorbenen Komponisten in St. Stephan einsegnen wird.

Der vielseitige „Operettenprofessor" hat eine weitere Saite seines Wesens zum Klingen gebracht: seine musikpädagogische Begabung, der er sich in den nächsten Jahren hingebungsvoll widmet.

Robert Hernried, als Schüler Heubergers unmittelbar mit dessen Unterricht vertraut, berichtet: „... *Nicht nur die reichen Erfahrungen in allen Zweigen der Musik förderten seine Tätigkeit als Lehrer. Zu einer Zeit, da die Musikpädagogen zum großen Teil noch in verzopftem Konservatismus befangen waren, musste Heubergers fortschrittliche Gesinnung auf die Jugend begeisternd wirken. Ihm war nichts zu kühn, wenn zwei Hauptbedingungen erfüllt wurden: Der kräftige, melodische Einfall und formale Durcharbeitung. Er, der selbst nahezu alle Kunstformen durchgearbeitet hatte, wusste, dass Strenge der Form keineswegs gleichbedeutend sein müsse mit Formalismus.*"

Leider finden sich für Heubergers Spezialfach „Dramatische Komposition" nur wenige Schüler ein. Die Theoriefächer und die „Allgemeine Komposition" liegen am Konservatorium der Gesellschaft der Musikfreunde in den Händen der Professoren Robert Fuchs und Hermann Grädener. Die finanzielle Lage der Familie ist also nach wie vor unsicher, umso mehr, als im Schuljahr 1904/05 für Heuberger keine Klasse aufgestellt werden kann. Das erklärt auch, warum der Komponist seine bereits geknüpften Kontakte mit Gericke weiterführt.

Die Jahresberichte des Konservatoriums belegen Heubergers Tätigkeit. Interessant ist sein Artikel über die „Nebenfächer" im Jahresbericht 1910/11. (S. 5–8) Darin betont er in anschaulicher Art den allgemein bildenden Wert der so genannten „Nebenfächer" wie z. B. Musikgeschichte oder das obligate Klavierstudium. Sein Artikel endet mit folgenden Worten:

*„Das Klavier – von dessen mächtiger Wirksamkeit als vielseitigster Studienbehelf noch gar nicht gesprochen wurde – leistet also ganz besonders das, was ich anfangs als wesentliche Eigenschaft der ‚Nebenfächer' betonte: Verbreiterung der Basis für das Verständnis der Musik durch Förderung der Möglichkeit, ‚über den Zaun' zu schauen, aus dem besonderen ins allgemeine vorzudringen, den Pianisten, Instrumentalisten oder Sänger zum M u s i k e r heranzubilden. Dies ist eine Aufgabe, welcher eigentlich jeder Musikunterricht dienen soll, ganz besonders aber Aufgabe einer Akademie für Musik, will sie nicht nur etwa brave Handwerker, sondern allgemein gebildete Musiker von weitem Blick hervorbringen, Musiker, die selbst einen wesentlichen, wertvollen Teil der in steter Um- und Neubildung begriffenen Kunst bilden: Künstler!"*

Heuberger dirigiert öfters das Schüler-Orchester des Konservatoriums, beklagt sich aber dabei über die *„schauderhafte Disziplin"*.

Über den immer bedenklicher werdenden Gesundheitszustand des Komponisten weiß ebenfalls sein Schüler und Freund Robert Hernried zu berichten: *„Die ersten Anzeichen einer Arterienverkalkung traten kurz nach der Rückkehr aus Amerika in heftiger Erkrankung auf, wurden aber damals von den Ärzten noch nicht erkannt. Heuberger genas scheinbar vollkommen, nur seine Schrift hatte sich verändert. Der erste Todesbote war, unerkannt, an ihm vorübergegangen."*

Gemeinsam mit seinen Schülern kämpft Heuberger für die Verstaatlichung des Wiener Konservatoriums. Er findet in Direktor Wilhelm Bopp, dem Nachfolger von Direktor Perger, einen Verbündeten. In langen Sitzungen mit dem Präsidenten des Abgeordnetenhauses, Dr. Weiskirchner, und dem Referenten im Unterrichtsministerium, Hofrat von Wiener, wird endlich die Verstaatlichung erreicht. Am 22. 11. 1908 bringt die kaiserliche „Wiener Zeitung" in ihrem amtlichen Teil folgende Mitteilungen: *„Seine k. u. k. Apostolische Majestät haben mit Allerhöchster Entschließung vom 16. November d. J. vorbehaltlich der verfassungsmäßigen Bewilligung der erforderlichen Mittel mit der Rechtswirksamkeit vom 1. Jänner 1909 die Verstaatlichung des Konservatoriums der Gesellschaft der Musikfreunde in Wien unter den von der Unterrichtsverwaltung und der genannten Gesellschaft vereinbarten Modalitäten allergnädigst zu genehmigen und huldvollst zu gestatten geruht, dass diese Anstalt die neue Benennung ‚Akademie für Musik und darstellende Kunst' führe."*

Heuberger werden wichtige Fächer und Disziplinen anvertraut: Harmonielehre als Hauptfach, Allgemeine und dramatische Komposition, Akkompagnieren, Transponieren und Präludieren als Nebenfach.

Eng verbunden mit Heubergers Tätigkeiten an der staatlichen Akademie und beim WMGV sind die in kurzen Abständen folgenden Auszeichnungen, Orden und Medaillen:

1906: Dem Komponisten wird der ägyptische Medjidié-Orden III. Klasse und die silberne Medaille des ägyptischen Khediven für Kunst und Gewerbe verliehen.

1907: Heuberger erhält die Große Goldene Medaille mit dem Bildnis und dem Wahlspruch des Kaisers anlässlich der Enthüllung des Kaiserin-Elisabeth-Denkmals im Volksgarten am 4. Juni.

1907: Heuberger hat dafür eine Hymne für Männerchor komponiert und mit dem WMGV aufgeführt.

1908 wird der Komponist zum Professor und zum Ritter des Franz-Joseph-Ordens ernannt.

1910 verleiht ihm der Magistrat der Stadt Wien die Große Goldene Salvator-Medaille.

Heubergers Krankheit wirkt sich hemmend auf seine Schaffenskraft aus. Die Qualität seiner Männerchöre op. 47 und op. 48 ist eher enttäuschend. In diesem geschwächten Zustand lässt sich der Komponist dazu verführen, ein Operettenbuch anonymer Autoren zu vertonen, das er vom Direktor des neu gegründeten Johann-Strauß-Theaters, Leopold Müller, erhält. Es heißt ursprünglich „Junge Herzen", wird aber in „Der Fürst von Düsterstein" umgetauft. Direktor Müller verspricht die Aufführung, der Verleger Josef Weinberger interessiert sich für das Werk, und schon macht sich Heuberger an die Vertonung. Die Verfasser des Textes bleiben im Dunkeln, verbergen sich unter dem Pseudonym „Gaudeamus" und verhandeln mit dem Komponisten nur durch Rechtsanwalt Breitner.

Die unglückliche Inszenierung des Johann-Strauß-Theaters sorgte dann für den Rest, und damit bleibt dem Werk, das am 2. 3. 1909 uraufgeführt wird, jeder Erfolg versagt

Heuberger gönnt sich aber weiterhin keine Ruhe. Er sucht noch eifriger als früher nach dem idealen Opernlibretto. Ein intensiver Briefwechsel mit Arthur Schnitzler ist ergebnislos. *„Ich mache keine Operette mehr!"*, schreibt Heuberger im Februar 1909 in sein Tagebuch, macht sich jedoch im Herbst 1910 trotzdem an die Arbeit einer einaktigen Operette mit dem Titel „Don Quixote". Das Libretto, welches Heuberger vorgelegt wird, stammt von dem bekannten Kabarettisten Fritz Grünbaum und von Heinz Reichert und ist für das Kabarett-Etablissement „Die Hölle" gedacht.

Fritz Grünbaum (1880–1941), Jurist, Kabarettist, tritt in der „Hölle" auf, im Berliner „Chat noir", im „Simpl", im Volkstheater, in den Kammerspielen; er übernimmt 1923 die Direktion der „Hölle" und 1926 gemeinsam mit Karl Farkas für ein Jahr die Direktion des Wiener Stadttheaters, leitet 1927/28 mit J. Wiesner das „Simpl", arbeitet zwischendurch in Berlin, Leipzig und München und schließlich 1938 wieder im Wiener „Simpl" mit Karl Farkas. 1938 wird er ins KZ Dachau verschleppt und stirbt dort am 14. 1. 1941.

In dem Buch „Gehen ma halt a bisserl unter, Kabarett in Wien von den Anfängen bis heute", herausgegeben von Walter Rösler, kann man über die „Hölle" auf S. 69 Folgendes erfahren: *„Das Gros der Wiener Kabaretts, die in den Jahren vor dem Ersten Weltkrieg das Licht des Wiener Nachtlebens erblickten, hatte keine anderen Ambitionen als die, einem zahlenden Publikum die gewünschte gefällige Unterhaltung zu bieten, eine Unterhaltung, die die Gäste beim Konsum von Speisen und Getränken nicht störte. Sehr bekannt wurde die im Oktober 1906 von Leopold und Siegmund Natzler im Souterrain des Theaters an der Wien eröffnete ‚Hölle' …*
*Auch der junge Fritz Grünbaum trat hier auf und schrieb gemeinsam mit Robert Bodanzky den Text zu dem in der ‚Hölle' uraufgeführten Lehár-Operetteneinakter ‚Mytislav der Moderne' …"* Man sieht, Heuberger ist in der „Hölle" in bester Gesellschaft!

Die Textdichter lassen Don Quixote, Sancho Pansa und Dulcinea im 1. Bild des Einakters als Traumbild der eigentlichen Handlung vorausgehen. Das 2. Bild zeigt dann dieselben Charaktere unter anderem Namen als Menschen unserer Zeit. Heuberger empfindet diese Veränderung musikalisch stark mit. Das erste Bild ist in einer Offenbach'schen Manier und Tonsprache gehalten, im 2. Teil wird ein von den Textdichtern gewollter Wiener Operettenton angeschlagen.

*Einakter „Don Quixote", Klavierauszug, Titelblatt, 1910*

Das Werk erlebt bei der Erstaufführung am 1. 12. 1910 einen beachtlichen Erfolg.

In den letzten Jahren seines Lebens widmet sich der Komponist vor allem seiner Lehrtätigkeit. Zu seinen Schülern zählen u. a. Clemens Krauss, Richard Lert, der schon erwähnte Pater Caecilianus Huygens, später Direktor der Kirchenmusikschule in Utrecht, der finnische Komponist Urjö Kilpinen, Edgar Schiffmann, Ernst Kanitz, Robert Friedmann u. v. a.

Die Theorielehrer der Musikakademie Hermann Grädener und Robert Fuchs, der Freund Heubergers, gehen 1912 in Pension. Ihre Nachfolger werden Franz Schreker und Joseph Marx. Über Schreker urteilt Heuberger (altersbedingt) sehr hart und einseitig in seinen Tagebuchnotizen vom 12. 6. 1913: *„Heute war ein Konzert der Kompositionsschüler Schrekers. Traurig! So viel Mumpitz. So viel unglaublich hässliche Musik ... "*

Eusebius Mandyczewski bekommt eine Kontrapunkt- und eine Harmonielehreklasse, Richard Stöhr unterrichtet nur Harmonielehre. Heuberger dagegen bleibt als einziger der „alten" Lehrer in seiner Lehrtätigkeit unter Direktor Wilhelm Bopp unbeschränkt.

1910 wird Arnold Schönberg Professor an der Musikakademie. Er erhält einen freien musiktheoretischen Extrakurs. Richard Heuberger schreibt darüber in seinem Tagebuch vom 22. 6. 1910 recht abfällig. Der in der klassischen Musiktradition eines Johannes Brahms verwurzelte Heuberger kann hier offensichtlich trotz seines in früheren Jahren immer wieder gezeigten Verständnisses für moderne Strömungen den Intentionen Arnold Schönbergs nicht mehr folgen.

Man merkt in vielen dieser Eintragungen einen hohen Grad von Bitterkeit. Dies muss vor allem seinem Alter und seiner Krankheit zugeschrieben werden. Über den Gesundheitszustand seiner letzten Lebensjahre erzählt seine Tochter Grete Hoernes (auf Tonband), er habe an Diabetes gelitten. Dazu kam eine Arterienverkalkung, die besonders das Gehirn und das Sprachzentrum schädigt. Im letzten Jahr musste bei Besuchen jemand von der Familie „beim Reden" helfen. Er findet oft nicht mehr die richtigen Worte und ersetzt sie durch – oft unsinnige – andere, korrigiert sich aber dann selbst.

Im Sommer 1913 erleidet der Komponist in Fieberbrunn einen schweren Schlaganfall (ein erster, leichterer hatte ihn bereits 1909 ereilt). Trotzdem nimmt er an der Einweihung des neuen Konzerthauses am 19. Oktober 1913 teil. Schon im Jahre 1908 hat Heuberger im Aktionskomitee für die Errichtung von Konzertsälen und ein neues Haus für das k. k. Konservatorium mitgearbeitet. An Karl Weinberger schreibt er am 25. 5. 1908 einen vertraulichen Brief samt Beilage:

„*<u>VERTRAULICH!</u>*
*Lieber Freund!*
*Wie Du aus beigedrucktem Blatte siehst, ist eine große Action im Zuge, um eine Summe aufzubringen zur Errichtung von Concertsälen, gleichzeitig zur Herstellung des Hauses für das k.k. Conservatorium. – Eine Anzahl <u>sehr</u> stattlicher Zeichnungen hat bereits eine Summe von etwa ½ Million Kronen zusammenzubringen ermöglicht. Aber es ist nöthig, weiter zu streben. Ich, als ein Hauptmitglied des Actionscomités erlaube mir nun, an Dich heranzutreten mit der Bitte, auch einen Betrag zu zeichnen. Die Sache ist sicher, da die Regierung, die dem Projekte sehr nahe steht, durch ihren Jahresbeitrag ungefähr die 4% Interessen der zur Ausgabe gelangenden Antheilscheine deckt. – Dass das Geld außerdem noch ein großes, für Wien <u>nothwendiges</u> Werk errichten hilft ist ein ästhetischer Nebengenuss. – Willst Du Genaueres wissen, so bin ich gerne bereit Dir – so weit ich kann und darf – jede Auskunft zu geben. Ich wäre recht glücklich, Dich unter jenen zu wissen, die an dem großen Werke mitwirken. – <u>Jedenfalls</u> aber bitte ich Dich, gegen <u>Niemand</u> drüber zu reden – als mit mir. Die Hauptsumme soll ohne jegliches Aufsehen erreicht u. dann erst die öffentliche Zeichnung unternommen werden. – Sperre dies Blatt ein.*
*Herzlichst Dein*
*R. Heuberger*"

(Dem Brief liegt ein gedrucktes Blatt bei, welches Finanzierungsdetails zum Bauprojekt enthält.)

Bedrückt durch sein Leiden beschäftigt sich der Komponist nun immer mehr mit biblischen Texten und plant schließlich ein geistliches Chorwerk. Er stellt dafür Texte aus der Bibel zusammen: aus Hiob, dem Römerbrief, aus Jesaja und den Psalmen. Robert Hernried findet sie in Heubergers Nachlass, geschrieben in der bereits eigenartig veränderten Handschrift des Komponisten. Wahrscheinlich schwebt Heuberger dabei das „Deutsche Requiem" von Brahms als Vorbild vor. Doch es kommt nicht mehr zu dieser Komposition. Im Sommer 1914, den der Komponist in Kaumberg, Niederösterreich, verbringt, geht es mit ihm gesundheitlich weiter bergab. Er wird in das Sanatorium Dr. Gorlitzer nach Perchtoldsdorf gebracht, wo sich sein Zustand rapide verschlechtert.

Der Ausbruch des Weltkrieges ist für den Kranken eine weitere schwere Belastung. Von seiner Umgebung werden ihm alle Aufregungen ängstlich fern gehalten. Er darf zum Beispiel nicht erfahren, dass sein zweiter Sohn Felix, der eben in Wien die Technische Hochschule absolviert hat, in Dragoneruniform steckt (Felix muss sie bei jedem Besuch ablegen) und dass seine Tochter Grete in Kriegstrauung Milos von Schrom heiratet, der schon 1923 stirbt.

Durch die Arterienverkalkung wird schließlich eine Nierenschädigung hervorgerufen, die am 28. Oktober 1914 das Leben des Komponisten beendet.

Im Stephansdom findet die feierliche Einsegnung durch den Schüler des Komponisten, Pater Huygens, statt. Der Wiener Männergesangverein singt unter der Leitung des Chormeisters Viktor Keldorfer „Wanderers Nachtlied" von Reissinger. Die sterblichen Überreste Richard Heubergers werden schließlich auf dem Friedhof in der Hinterbrühl beigesetzt.

*Letzte Werke, Lehrtätigkeit, Ausklang*

*Ortsfriedhof Hinterbrühl mit dem Grab Richard Heubergers*

Zu Heubergers 60. Geburtstag (1910) hatten Freunde durch den Bildhauer Hans Mauer eine schöne Porträtmedaille anfertigen lassen. Dieser Bildhauer wird nun nach dem Tode des Komponisten beauftragt, nach dieser Medaille ein großes Medaillon anzufertigen, welches in einen Marmorblock aus einem Salzburger Steinbruch eingelassen wird. Der WMGV, der kurz zuvor Eduard Kremser ein Grabdenkmal errichtet hat, bietet sich an, dieses Medaillon mit Heubergers Bildnis zu stiften. Da Mauer mit der Arbeit nicht recht vorankommt, übernimmt ein Mitglied des WMGVs, der Bildhauer Tietze, diese Aufgabe. Nach Robert Hernrieds Meinung trägt aber dieses neue Porträt einen allzu *„strengen und starren Ausdruck, der dem gütigen Künstler und Menschen Heuberger fremd war".*

In der „Neuen Freien Presse" vom 28. 10. 1914 fasst der Kritikerkollege Julius Korngold in einem ehrlichen Nachruf das Wirken der vielseitigen Musikerpersönlichkeit Richard Heubergers in den wesentlichsten Bereichen zusammen. Korngolds Worte haben heute noch Gültigkeit. Mit ihnen soll unsere biographische Betrachtung schließen.

*„In Richard Heuberger ist heute einer der begabtesten Musiker der Wiener Schule hingeschieden. Dieser Schule muss man den aus der musikfreudigen Steiermark Stammenden zurechnen; ihr hat er sich gleichsam mit Notwendigkeit angeschlossen. Sein ganzes Schaffen, das ernstere als jenes, das später leichtere Wendung nahm, wurzelt in jener älteren Wiener Schule, die Schubert, wie mit einem Rosenzweige winkend, auf die Pfade der Anmut und des Wohllautes gelockt, der Nichtwiener Schumann die Poesie des Kleinen gelehrt hat. Zur rechten Zeit haben die Wiener Komponisten dieser Richtung, als sie vielleicht zu sinnesfreudig und leichtlebig werden wollten, den Anschluss an Brahms gesucht und gewonnen …*

*Brahms bestimmte auf lange das Schaffen Heubergers, der des Meisters treuester Jünger wurde und, was nicht mehr in seiner Musik nachklingen konnte, im literarischen Dienste für den Meister zum Ausdruck brachte.*
*Aus der Brahms-Zeit Heubergers stammen wertvolle Lieder und Chorwerke, vor allem jene ‚Variationen über ein Schubert'sches Thema', die als das wahrste Bekenntnis des Musikers gelten dürfen. Der Ton der Schwärmerei und zarten Empfindung, man darf sagen, der Schubert'sche Ton, ist in diesem Instrumentalwerk mit allem Talent festgehalten; die Technik des Künstlers zeigt sich auf ansehnlichster Höhe. Das Stück wurde von den Philharmonikern in ihr Repertoire aufgenommen und war für dieses wie geschaffen.*
*Weniger glückte Heuberger sein Ausflug in die Opernproduktion; weder seinem ‚Abenteuer einer Neujahrsnacht', noch der in die Hofoper gelangten ‚Mirjam' und dem viel Reizendes enthaltenden ‚Barfüßele' war längeres Leben beschieden. Aber die Bühne wollte er nun einmal nicht lassen; und so drängte es ihn zugleich weiter auf dem Gebiete Wiener Musik, ein wenig an die Vorstadt näher. Es folgte jene Periode Heubergers, die ihn von Brahms weit wegführte in die Sphäre der leichten Operettenmusik hinein. Hier blühte ihm im ‚Opernball' ein großer Erfolg, der größte seines Schaffens überhaupt. Der natürlichen melodischen Begabung, der pikanten Rhythmik, dem Formgefühl Heubergers tritt hier ein alle Gleichstrebenden auf dem Gebiete heiterer Operettenmusik überragendes Können hinzu.*
*Der ‚Opernball' stellte sich nahe an Strauß' beste Operetten und musste dann auch in der Folge alles hinter sich zurücklassen, was Heuberger sonst in gleichem Genre geschrieben hat.*
*Nicht nur als schaffender Künstler wirkte Heuberger, sondern auch als Schriftsteller, als der er mit aller Gewandtheit mit Witz und Frische die Feder führte. Manche schlagkräftige kritische Besprechung ist ihm zu danken. Aber besonderes Verdienst fällt ihm als Schubertbio-*

*graphen zu im Dienste des von ihm über alles geliebten Meisters. Fasst man auch noch sein Wirken als Dirigent und Lehrer ins Auge, so ergibt sich das Bild einer vielseitigen, mancherlei ersprießlichen Samen streuenden Tätigkeit. Der hochbegabte Mann hat nicht alle Kräfte, die in ihm schlummerten, zur vollen Entwicklung gebracht; aber was er bot, bedeutet genug des Wertvollen, um für immer das Andenken dieses Wiener Musikers zu sichern."*

*Das Arbeitszimmer des Komponisten in der Hegelgasse*

# Leben und *Werk* Richard Heubergers

| | |
|---|---|
| 1850 | Geburt Richard Heubergers in Graz (18. 6.) |
| 1858 | Beginn des Klavierunterrichtes |
| 1863 | *Erste Kompositionsversuche* |
| 1867 | *Frühe Kompositionen (Manuskriptband mit dem Datumsvermerk „ab 18. 11. 1867")* |
| | Reifeprüfung (Oberrealschule) |
| | Beginn des Studiums an der Technischen Hochschule in Graz (Ingenieurfach) |
| | Chormeister des „Techniker Sängerchores" |
| 1868 | Erste Kontakte zu Rosa Dettelbach, verh. Kosjek (Dezember) |
| 1871 | Einjährig-Freiwilliger im 7. Landwehr-Infanterie-Regiment |
| | Manöver in Tirol, Studienfahrt nach Südungarn, |
| | Erfolge seiner Liedkompositionen in Grazer Konzerten |
| 1872 | *Volkslieder aus Steiermark (gemeinsam mit Peter Rosegger)* |
| 1873 | Praktikant (Ingenieur-Assistent) in Lend/Pongau |
| | *Streichquartett c-Moll, Klavierquintett, Lieder* |
| 1874 | Nach Aufführung des *Streichquartetts* (4. 2.) erste Pressewürdigung des Komponisten |
| 1875 | Technische Staatsprüfung (1. 7.), stellvertretender Chormeister des Grazer Singvereins |
| | Heuberger lernt J. Brahms persönlich kennen. |
| 1876 | Der Erfolg der *Festkantate zum 70. Geburtstag des Dichters Anastasius Grün* (10. 4.) bringt den Durchbruch und die endgültige Berufsentscheidung des Komponisten |
| | Im April Umzug nach Wien |
| | Berufung zum Chormeister des Wiener Akademischen Gesangvereines; *Opernentwurf „Hunold Singuff", Lieder* |
| | Ernennung zum Bauadjunkten (28. 5.), im Juni Entlassung aus dem Staatsdienst. Im Oktober: *Erste Notendrucke von op. 1, op. 2 und op. 3* |

| | |
|---|---|
| 1877 | 1. Kompositionskonzert in Wien (21. 1.) |
| | *Chöre op. 4, Lieder op. 5, Nachtmusik op. 6,* |
| 1878 | Orchestrierung von Schuberts „Deutschen Tänzen", Bearbeitung von Brahms' Lied „Der Herr von Falkenstein" |
| | Beginn der Aufzeichnungen von Heubergers „Brahms-Erinnerungen" |
| | *Schubert-Variationen op. 11* |
| | Verlobung mit Auguste Auge (September) |
| | Dirigent der Wiener Singakademie |
| | Erste Kontakte mit Eduard Hanslick |
| 1879 | *Lieder op. 9, Männerchöre op. 10, Lieder op. 12* |
| 1880 | Heirat mit Auguste Auge (18. 7.) |
| | Tod seines Bruders Ludwig (17. 12.) |
| 1881 | Tod seiner Gattin Auguste (11. 7.) |
| | *Lieder op. 14* |
| | Musikkritiker beim „Wiener Tagblatt" |
| 1882 | Heirat mit Johanna Herr (9. 10.) |
| | *Lieder op. 13, op. 15* |
| 1883 | Besuch bei Franz Liszt in Pressburg (März) |
| | *Rhapsodie „Liebesfrühling" op. 18, Ouvertüre zu „Cain" op. 16, „Geht's dir wohl" op. 19* |
| | Tod des Vaters (8. 6.), Geburt und Tod des ersten Sohnes (8. 5.) |
| 1884 | 2. Kompositionskonzert (29. 3.) |
| | Geburt des 2. Sohnes Richard (30. 3.) |
| | *„Schlachtgesang" op. 20, Lieder op. 21* |
| | Viele Kontakte mit J. Brahms und dessem Kreis |
| 1885 | Aufführung der *F-Dur-Sinfonie* in Graz (22. 3.) |
| | *Lieder op. 22–24* |
| 1886 | Uraufführung der *Oper „Die Abenteuer einer Neujahrsnacht"* (13. 1.) |
| | Philharmonisches Konzert unter Hans Richter (*Sinfonie, 19. 12.*) |
| | *Lieder op. 27* |
| 1887 | viele Reisen und Aufführungen seiner Werke (Braunschweig, Prag, Hannover, Berlin, Leipzig, Halle u. a.) |
| | Kaltwasserkur in Mürzzuschlag |
| | *Lieder op. 28 und op. 31, Männerchor op. 30, „Brautgesang" op. 32, Lieder op. 34, Erste Fassung der Orchestersuite op. 25* |

| | |
|---|---|
| 1888 | Uraufführung der *zweiten Fassung der Orchestersuite op. 25* (18. 3., Heuberger dirigiert selbst statt Wilhelm Kienzl) |
| 1889 | „Manuel Venegas" in Leipzig unter A. Nikisch uraufgeführt (27. 3.) |
| *1890* | *Liederzyklus „Frühlingskränze" op. 36, Lieder op. 39, Männerchöre op. 38* |
| 1892 | Heuberger veranlasst A. Bruckner zur Vertonung des 150. Psalms, Zeitungsduell mit H. Richter, Wiener Musik- und Theaterausstellung, *„Manuel Venegas"* wird nach Umarbeitung zu *„Mirjam"* (*„Das Maifest"*) |
| 1894 | Uraufführung von *„Mirjam"* in der Wiener Hofoper (20. 1.) |
| 1895 | Heuberger sucht eine Dirigentenstelle, Beginn der Arbeit an der Operette *„Der Opernball"* |
| | E. Hanslick bittet Heuberger um Mitarbeit an der „Neuen Freien Presse" (Nov.) |
| 1896 | Fertigstellung der *„Opernball"*-Partitur, Uraufführung des Balletts *„Die Lautenschlägerin"* in Prag (4. 10.) |
| | Meinungsverschiedenheiten mit E. Hanslick (Nov.), Tod A. Bruckners (11. 11.) |
| 1897 | Uraufführung des Balletts *„Struwwelpeter"* in Dresden (5. 1.) |
| | G. Mahler wird Hofoperndirektor, Tod von J. Brahms (3. 4.) |
| 1898 | *„Opernball"*-Uraufführung im Theater an der Wien (5. 1.) |
| | *„Struwwelpeter"* an der Wiener Hofoper (8. 1.) |
| 1899 | Uraufführung der Operette *„Ihre Excellenz"* am Theater an der Wien (28. 1.) |
| | Tod des elfjährigen Sohnes Wolfgang (Dez.) |
| 1900 | Uraufführung der Operette *„Der Sechs-Uhr-Zug"* am Theater an der Wien (20. 1.) |
| | Abbruch der guten Beziehungen zu G. Mahler, Tod seines vierjährigen Sohnes Johannes (21. 4.) |
| 1901 | offener Konflikt und Bruch Heubergers mit E. Hanslick |
| | Schriften: *„Im Foyer", „Musikalische Skizzen"* |
| 1902 | Niederlegung des Kritikeramtes bei der „Neuen Freien Presse" (1. 7.) |
| | 2. Chormeister des Wiener Männergesang-Vereines (Feb.) |
| | Lehrer für dramatische Komposition am Konservatorium der Gesellschaft der Musikfreunde (Mai) |

*Leben und Werk Richard Heubergers*

„*Schubert-Biographie*", Bemühungen um eine Anstellung im Ausland, Uraufführung der Operette „*Das Baby*" im Carl-Theater unter A. v. Zemlinsky (3. 10.)

1904 Tod seiner 2. Gattin Johanna (30. 1.)
Dirigent von Orchesterkonzerten auf der Weltausstellung in St. Louis, USA (Mai)

1905 Uraufführung der Oper „*Barfüßele*" in Dresden (11. 3.)
Heirat mit Schwägerin Louise Herr (16. 7.)
*Männerchöre op. 44, op. 45*, einaktige Oper „*Die letzte Nacht*", von Dir. G. Mahler abgelehnt (31. 12.)

1906 Konzertreise mit dem WMGV nach London (Mai)
Konzertreise nach Berlin (Dez.), *Männerchöre op. 46*

1907 Amerikareise mit dem WMGV (21. 4.–27. 5.), Heuberger wird Professor für sämtliche theoretischen Fächer, Arterienverkalkung von den Ärzten nicht erkannt, Kampf um die Verstaatlichung des Konservatoriums der Gesellschaft der Musikfreunde in Wien, *Männerchöre op. 47*

1908 *Männerchöre op. 48*, Ernennung zum Professor und Ritter des Franz-Josefs-Ordens

1909 Verstaatlichung des Konservatoriums in die k. k. Musikakademie (1. 1.), Uraufführung der Operette „*Der Fürst von Düsterstein*" im Johann-Strauß-Theater (2. 3.)
Thüringen-Reise des WMGV (Juni), Rücktritt als Chorleiter des WMGV (8. 7.)
*Männerchöre op. 49, op. 50*, Schlaganfall und leichte Lähmung

1910 Uraufführung der einaktigen Operette „*Don Quixote*" im Etablissement „Hölle", *Männerchöre op. 51*

1911 *Männerchöre op. 52*

1912 *Männerchöre op. 53*

1913 *Männerchöre op. 54*, Schlaganfall (Sommer), Teilnahme an der Einweihung des neuen Konzerthauses (19. 10.)
Pläne eines *geistlichen Chorwerkes*

1914 Aufenthalt in Kaumberg (Sommer), Tod Richard Heubergers (28. 10.) Einsegnung in St. Stephan und Begräbnis in der Hinterbrühl (30. 10.)

# Literatur und Quellen

Adametz Karl, 100 Jahre Wiener Männergesang-Verein, Wien 1943
Adorno W. Theodor, Einleitung in die Musiksoziologie, Frankfurt/Main 1962
Auerbach Berthold, Barfüßele, Berlin 1913
Bauer Anton, 150 Jahre Theater an der Wien, Wien 1952
Beetz Wilhelm, Das Wiener Opernhaus 1869–1955, Zürich 1955
Biberhofer Raoul, 150 Jahre Theater an der Wien, Wien 1926
Biographisches Jahrbuch und Deutscher Nekrolog, hg. von A. Bettelheim, Bd. III/IV, Berlin 1900
Bischoff Ferdinand, Chronik des Steiermärkischen Musikvereins, Festschrift zur Feier des 75jährigen Bestandes, Graz 1890
Böhm Christian, Dokumentation der künstlerischen Aktivitäten des Wiener Männergesang-Vereines, Wien 1992
Brahms-Kongress Wien 1983, Kongressbericht, hg. von Susanne Antonicek und Otto Biba, Tutzing 1988
Claus Albrecht, Geschichte des Singvereins der Gesellschaft der Musikfreunde 1858–1933, Wien 1933
Flotzinger Rudolf, Gruber Gernot, Musikgeschichte Österreichs, Bd. II, Graz 1979
Fuchs Ingrid, Zeitgenössische Aufführungen der 1. Symphonie op. 68 von J. Brahms in Wien, Studien zur Wiener Brahms-Rezeption in: Brahms-Kongress Wien 1983, Kongressbericht hg. von Susanne Antonicek und Otto Biba, Tutzing 1988
Gesek Ludwig, Kleines Lexikon des österr. Films in: Filmkunst, Zeitschrift für Filmkultur und Filmwissenschaft Nr. 22–30, Die österr. Filme 1946–1958, Nr. 231
Grazer Stadtarchiv, Konvolut 13.218/4/1848; Briefinformation vom 30. 7. 1980 Präs. A. 37/1
Grunsky Peter, Richard Heuberger, Leben und Werk, Dissertation, Univ. Wien 1997
Gutmann Albert, Hermann Albert R. von, Die musikalischen Aufführungen

*Literatur und Quellen*

der internationalen Ausstellung für Musik und Theaterwesen in Wien, 1892
Hadamowsky Franz, Das Theater an der Wien, Festschrift zur Wiedereröffnung, Wien 1962
Theatergeschichte, Von den Anfängen bis zum Ende des Ersten Weltkrieges, Bd. III der Geschichte der Stadt Wien, hg. von Czeike Felix, Wien 1988
Hadamowsky Franz, Otte Heinz, Die Wiener Operette, ihre Theater- und Wirkungsgeschichte, Wien 1947
Hahn Werner, Rauhe H., Der deutsche Schlager, Beiheft zur Schallplattenreihe Aktuelle Popmusik im Unterricht, Wiesbaden 1970
Hanslick Eduard, 5 Jahre Musik 1891–1895, Berlin 1896
Die moderne Oper VIII, Berlin 1899
Hausegger Friedrich von, Feuilleton über den Grazer Musikclub, Grazer Tagespost v. 28. 3. 1875
Artikel über den Grazer Musikverein, Grazer Tagespost v. 13. 6. 1877
Hayek M., Otto Böhler – ein Wiener Silhouettist, Westermanns Monatshefte 1914
Heller Friedrich, Revers Peter, Das Wiener Konzerthaus, Geschichte und Bedeutung 1913–1983, Wien 1983
Helm Theodor, Schönherr Max, 50 Jahre Wiener Musikleben, Wien 1974
Hernried Robert, Richard Heuberger, seine Brahms-Erinnerungen und sein Briefwechsel mit Künstlern seiner Zeit, Manuskript, Berlin 1931
Hört auf Richard Heuberger! in: Musikblätter der Wiener Philharmoniker, 1. 4. 1950
Bilder aus Alt-Graz, in: Grazer Tagespost vom 16. 1. 1936
Richard Heuberger, ein Jugendfreund Roseggers, in: Neues Wiener Tagblatt vom 20. 1. 1937
Ungedruckte Briefe von Gustav Mahler, in: Der Anbruch, 18. Jg., 3. Heft, Mai 1936
Heuberger Richard, Notendrucke aus verschiedenen Musikverlagen
Notenmanuskripte und Autographen aus verschiedenen Archiven und aus Privatbesitz
Schriften, Briefverkehr, Tagebücher aus dem Besitz der Familie
Zum Gedächtnis an Brahms bei der Wiederkehr seines Todestages, in: Der Kunstwart XX. Jg., Heft 13

*Literatur und Quellen*

    Aus der Zeit meiner ersten Bekanntschaft mit Brahms, in: Musik II/5, Jg. 1902
    Brahms als Vereinsmitglied, in: Der Merker III/2
    Erinnerungen an Johannes Brahms, hg. von Kurt Hofmann, Tutzing 1971
Hilmar Ernst, Zemlinsky und Schönberg, in: A. v. Zemlinsky, Tradition im Umkreis der Wiener Schule, Graz 1976
    (Hg.) Katalog zur Schönberg-Gedenkausstellung, Wien 1974
Hoernes Grete, Jugenderinnerungen der Tochter Richard Heubergers, auf Tonband aufgenommen von ihrem Sohn Gerhard H., 1969/70
Hof- und Staatshandbuch der österr.-ungarischen Monarchie für die Jahre 1906/09, Wien 1906, 1909
Hofmann Kurt, Hg., Richard Heuberger, Erinnerungen an Johannes Brahms, Tutzing 1971
100 Semester Akademischer Gesangverein in Wien, Festschrift des Vereins aus Anlass des 50. Stiftungsfestes, Wien 1908
150 Jahre Wiener Männergesang-Verein, hg. vom WMGV, Wien 1992
Jahresberichte der Wiener Singakademie, Wien 1878–1881
Jahresberichte des Wiener Männergesang-Vereins 1902–1906
Jahresbericht der k. k. Akademie für Musik und darstellende Kunst, Wien 1909
Jernek Josef, Der österr. Männerchorgesang im 19. Jahrhundert, Dissertation, Univ. Wien 1937
Kalbeck Max, Struwwelpeter, in: Neues Wiener Tagblatt vom 9. 1. 1898
    Eine Faschingsoperette, in: Neues Wiener Tagblatt vom 6. 1. 1898
Kaufmann Harald, Eine bürgerliche Musikgesellschaft, 150 Jahre Musikverein in Steiermark, Graz 1965
Keller Otto, Die Operette in ihrer geschichtlichen Entwicklung, 1926
Kienzl Wilhelm, Miscellen, 1886
    Meine Lebenswanderung, Erlebtes und Erschautes, Stuttgart 1896
    Betrachtungen und Erinnerungen, Gesammelte Aufsätze, Berlin 1909
Kraus Karl, Die Fackel, 4. 1. 1901, 3. Jg. Nr. 90, S. 27
Krauth Hermann, Erinnerungen an den Grazer Tondichter Richard Heuberger, in: Grazer Tagespost vom 8. 9. 1942

*Literatur und Quellen*

List Rudolf, Oper und Operette in Graz, Ried 1966
Lochner Louis P., Fritz Kreisler, Wien 1957
Martin Gunther, Naivität war nicht Frau Cosimas Stärke, in: Wiener Zeitung vom 17. 2. 1968
Millöcker Carl, Ansichtskartensammlung Album 5, Rollett-Museum, Baden, NÖ.
Mojsisovics Roderich, Steirische Opernkomponisten, in: Aus dem Musikleben des Steirerlandes, hg. v. Steirischen Sängerbund, Graz 1924
Morold Max, Wagners Kampf und Sieg, Zürich, Wien 1930
Möser Angelika, Richard Heuberger und der Akademische Gesangverein in Wien, Manuskript, Wien 1987
Nick Edmund, Vom Wiener Walzer zur Wiener Operette, Hamburg 1954
    Richard Heuberger und seine Fin de siècle-Operette, in: Dramaturg. Blätter der Oper 4, Darmstadt 1961/62
Operette in Wien, Ausstellungskatalog des österr. Theatermuseums, Wien 1979
Österreichische Unterhaltungsmusik des 20. Jahrhunderts, Katalog der Sonderausstellung der Öst. Nat. Bibl., Musiksammlung, Wien 1972
Pass Walter, Zemlinskys Wiener Presse bis zum Jahre 1911, in: Tradition im Umkreis der Wiener Schule, Graz 1976
Rainer Louis, Illustrierter Führer durch die internationale Ausstellung für Musik u. Theaterwesen, Wien 1892
Rauhe Hermann, Zum volkstümlichen Lied des 19. Jh.s, in: Dahlhaus C., Studien zur Trivialmusik des 19. Jh.s, Regensburg 1967
    Zum Wertproblem der Musik, Versuch einer Ästhetik der Trivialität, in: Didaktik der Musik, hg. von Krützfeldt Werner, Hamburg 1970
Rechenschaftsberichte des Ausschusses des Wiener Tonkünstler-Vereines im Archiv der Gesellschaft der Musikfreunde in Wien, Statuten und Archivverzeichnisse
Reich Willi, Arnold Schönberg oder der konservative Revolutionär, München 1974
Rösler Walter, (Hg.) Gehen ma halt a bisserl unter, Kabarett in Wien von den Anfängen bis heute, Berlin 1991
Rutz Hans, Der Schöpfer des Opernballs, in: Neues Wiener Tagblatt vom 29. 12. 1938

*Literatur und Quellen*

Schönherr Max, C. M. Ziehrer, Wien 1974
    Die Wiener Operette im 19. Jh., in: Operette in Wien, Ausstellungskatalog, Wien 1979
Schuch Julius, Richard Heuberger (Nachruf), in: Grazer Tagblatt vom 29. 10. 1914
Statistischer Bericht des Konservatoriums der Gesellschaft der Musikfreunde in Wien (bzw. der k. k. Akademie für Musik u. darstellende Kunst) 1903–1914/15
Steinböck W. (Hg.), 850 Jahre Graz, Graz 1978
Storck K., Musik und Musiker in Karikatur und Satire, Eine Kulturgeschichte aus dem Zerrspiegel, Oldenburg 1910
Stuckenschmidt H. H., Schönberg, Leben, Umwelt, Werk, Zürich 1974
Suppan W., Schulebildende Persönlichkeiten in der Grazer Musikgeschichte Steirisches Musiklexikon, Graz 1964
Tittel Ernst, Die Wiener Musikhochschule, Vom Konservatorium der Gesellschaft der Musikfreunde zur staatlichen Akademie, Wien 1967
Tyrolt Rudolf, Chronik des Wiener Stadttheaters 1872–1884, Wien 1889
Ullrich H., Der Komponist des „Opernball", in: Tradition und Fortschritt, Zehn Jahre Musik in Wien 1945–1955, Wien 1956
Wamlek Hans, Zum 100. Geburtstag des Komponisten, in: Grazer Kleine Zeitung vom 21. 6. 1950
Weingartner Felix, Lebenserinnerungen, Bd. 2, Wien, Leipzig 1923
Witeschnik Alexander, Wiener Opernkunst, Wien 1959
    Dort wird champagnisiert, Wien 1971
Willnauer Franz, Gustav Mahler und die Wiener Oper, Wien 1979
Würzl Eberhard, Johann Strauß, Höhen und Tiefen der Meisterjahre 1884–1894, Dissertation, Univ. Wien 1987

*Literatur und Quellen*

Weitere Quellen fand ich bei den folgenden Privatpersonen, Bibliothekaren und Archivaren, denen ich zu großem Dank verpflichtet bin.

em. o. Univ.-Prof. Dr. Helmut Heuberger
Pia Morawetz-Heuberger
Dr. Max Schönherr †
o. Univ.-Prof. Dr. Walter Pass †
Dr. Gerhard Hoernes, USA
Amtsrat Hans Ziegler
Vorstand des WMGV, Herrn Kurt Schuh
em. o. Univ.-Prof. Mag. art. Dr. Eberhard Würzl
Mag. Angelika Möser

*Archivare und Archivleiter*
des Musikvereins für Steiermark in Graz,
der Steiermärkischen Landesbibliothek in Graz,
des Steiermärkischen Landesarchivs in Graz,
des Archivs des Magistrats der Stadt Graz,
des Stadtmuseums der Stadt Graz,
der Technischen Universität in Graz,
der Redaktion der Tageszeitung „Tagespost" in Graz,
der röm.-kath. Pfarrämter in Graz,
der Wiener Stadt- und Landesbibliothek,
der Musiksammlung der Österr. Nationalbibliothek in Wien,
des Archivs der röm.-kath. Erzdiözese in Wien,
der Niederösterr. Landesbibliothek,
des Archivs der Gesellschaft der Musikfreunde in Wien,
des Archivs der Wiener Philharmoniker,
des Österr. Staatsarchivs,
des Österr. Kriegsarchivs in Wien,
der Bibliothek der Universität für Musik und Darstellende Kunst in Wien,
des Archivs des Wiener Männergesang-Vereins.

Besonders herzlicher Dank gebührt Herrn Prof. Dr. Helmut Heuberger für die tatkräftige Unterstützung bei der Überarbeitung des Buchmanuskriptes.

# Übersicht über die Werke Richard Heubergers

in der Reihenfolge des HWV (Heuberger-Werk-Verzeichnis) des Verfassers

WERKE MIT OPUSZAHLEN

op. 1 Sommermorgen, gem. Chor, Klavier zu 4 Händen
op. 2 Lied fahrender Schüler, Männerchor, Orchester
op. 3 Handwerksburschenlied, Männerchor, Klavier
op. 4 Drei Frauenchöre, Klavier
    1. Herbstlied
    2. Um Mitternacht
    3. Neuer Frühling
op. 5 Fünf Lieder, Klavier
    1. An meiner Thür, du blühender Zweig
    2. Ich habe durchfahren das weite Land
    3. Du rothe Ros' auf grüner Haid
    4. Von einem braunen Knaben
    5. Osterlied
op. 6 Liebesspiel in Walzerform, gem. Chor, Klavier
op. 7 Nachtmusik, Streichorchester
op. 8 Vier Männerchöre, a cappella
    1. Herr Schmied
    2. Es fliegt manch Vöglein
    3. Komm, o Nacht
    4. Ständchen
op. 9 Fünf Lieder, Klavier
    1. Zwei Sterne
    2. Steige auf, du gold'ne Sonne
    3. Ständchen
    4. Willekumm
    5. Ein lustig Zechen

op. 10 Zwei Männerchöre, a cappella
  1. Der fahrende Musikant
  2. Herbst
op. 11 Variationen über ein Thema von Franz Schubert, Orchester
op. 12 Drei Lieder aus dem „Spanischen Liederbuch", Klavier
  1. Wandern geht mein Liebster
  2. Marinilla
  3. Komm', o Tod, von Nacht umgeben
op. 13 Vier Gesänge, Klavier
  1. Trübe geht der Wasser Lauf
  2. Bitt' ihn, o Mutter
  3. Sagt, seid Ihr es, feiner Herr?
  4. Die Wolke
op. 14 Es steht ein Lind im tiefen Thal, gem. Chor, a cappella
op. 15 Fünf Lieder, Klavier
  1. Ein Ständchen euch zu bringen
  2. O Morgenwind
  3. Junger Knabe, der du gehst
  4. Dies ist mein Weg
  5. O Sonne
op. 16 Ouvertüre zu Byrons „Cain", Orchester
op. 17 Liederreigen, Soli, gem. Chor, Klavier
op. 18 Rhapsodie aus Rückerts „Liebesfrühling", Tenor-Solo, gem. Chor, Orchester
op. 19 Geht dir's wohl, so denk' du an mich, Kantate, Sopran- und Tenorsolo, Männerchor, Orchester
op. 20 Schlachtgesang, Männerchor, großes Orchester
op. 21 Lieder und Gesänge, Klavier
  1. Komm zurück
  2. Die Sommernacht
  3. Vergebliche Frage
op. 22 Drei Duette, Sopran, Tenor, Klavier
  1. Zwei Rosen
  2. Ich dachte dein
  3. Liebesscherze

op. 23　Drei Lieder, Klavier
　　　　1. Der Spielmann
　　　　2. Sagt ihm, dass er zu mir komme
　　　　3. Die Traurige

op. 24　Sechs Lieder, Klavier
　　　　1. Täubchen
　　　　2. Tretet ein, hoher Krieger
　　　　3. Bitte
　　　　4. Wohin damit?
　　　　5. Virgo et Mater
　　　　6. Der Korb

op. 25　Aus dem Morgenlande, Suite, Orchester

op. 26　Zwei Männerchöre, a cappella
　　　　1. Tausend Sternlein in der Nacht
　　　　2. Gute Nacht

op. 27　Vier Gesänge, Klavier
　　　　1. Wenn ich von dir ziehe
　　　　2. Warum, ach, warum?
　　　　3. Gib einen Hauch mir
　　　　4. Der Gefangene

op. 28　Drei Duette, Sopran, Tenor, Klavier
　　　　1. Verlorne Mühe
　　　　2. Entfliehen
　　　　3. Nichts

op. 29　Die Abenteuer einer Neujahrsnacht, Komische Oper

op. 30　Nun grüße dich Gott, Frau Minne, Männerchor, Orchester

op. 31　Fünf Lieder, Klavier
　　　　1. Sternchen mit dem trüben Schein
　　　　2. Licht und Schatten
　　　　3. Ich sprach nur ein wenig
　　　　4. Morgenständchen
　　　　5. Herzbeklemmung

op. 32　Brautgesang, gem. Chor, Sopransolo, Klavier ad lib.

op. 33　Vier Lieder, Klavier
　　　　1. Auf dem Brombeerstrauche

2. Auf die Nacht
3. Vergebliche Beschwörung
4. Die gebrochene Bank

op. 34 Drei Lieder, Klavier
1. Fasse Muth
2. In den Beeren
3. Der Liebste schläft

op. 35 Zwei Männerchöre, a cappella
1. Der junge Invalide
2. Vorgefühl

op. 36 Frühlingskränze, Männerchor, Sopran- und Tenorsolo, Klavier
1. Liebestafel
2. Lehre
3. Weil wir uns das Wort gegeben
4. Der Liebsten Herz ist aufgewacht
5. Der Scheintodte
6. Über Tag und Nacht
7. Allah hu!
8. Da ich einmal dich gefunden
9. Frühling ist's

op. 37 Zwei Lieder (Paul Heyse), Klavier
1. Durch die Ferne, durch die Nacht
2. Im Walde

op. 38 Drei Männerchöre, a capella
1. Wandergut
2. Lied des fahrenden Sängers
3. Volksweise

op. 39 Sechs Lieder, Klavier
1. Sie schreibt
2. Schönster Tag, nun gute Nacht
3. Hütet euch
4. Am Sommertag
5. Der Himmel hat keine Sterne
6. Sang ein Bettlerpärchen

op. 40 Der Opernball, Operette

op. 41 Bewegliche Lettern, Polka Mazur, Klavier/oder Orchester
op. 42 (laut Heubergers Kompositionsregister: „Vorgefühl", siehe aber bereits op. 35)
op. 43 Galathea, Männerchor, Tenorsolo, Klavier
op. 44 Der Tiroler Nachtwache 1810, Männerchor, a cappella
op. 45 Sonntagsjägerlied, Männerchor, Klavier/oder Orchester
op. 46 Fünf Männerchöre, a cappella
 1. Denkspruch
 2. Für ein Gesangsfest im Frühling
 3. Zufriedenheit
 4. Schwarz-rot-gold
 5. Spielmannslied
op. 47 Zwei Männerchöre, a cappella
 1. Gebet auf den Wassern
 2. In das Weite
op. 48 Zwei Männerchöre, a cappella
 1. Mitternacht
 2. Schön Suse
op.49 Nachtwandler, Männerchor, a cappella
op.50 Licht Sonnenwenden ist da, Männerchor, a cappella, mit Soli
op.51 Zwei Männerchöre, a cappella
 1. Nacht
 2. Die schwarze Laute
op.52 Zwanzig Mark, Männerchor, a cappella
op.53 Drei Männerchöre, a cappella
 1. Idyll
 2. Ständchen
 3. Schnurrig
op.54 Zwei Männerchöre, a cappella
 1. Die drei lustigen Zechbrüder
 2. Der Brandfuchs

## BÜHNENWERKE

1. Hunold Singuff, Opernfragment
2. Die Abenteuer einer Neujahrsnacht, op. 29, Komische Oper
3. Manuel Venegas, Oper
3a. Mirjam, Das Maifest, Oper
4. Die Lautenschlägerin, Ballett
5. Struwwelpeter, Ballett
6. Der Opernball, op. 40, Operette
7. Ihre Excellenz, Operette
7a. Eine entzückende Frau, Operette
8. Der Sechs-Uhr-Zug, Operette
9. Das Baby, Burleske Oper (Operette)
10. Barfüßele, Oper
11. Die letzte Nacht, Operneinakter
12. Die drei Grazien, Operette
13. Der Fürst von Düsterstein, Operette
14. Don Quixote, Operetteneinakter
15. Diverse unausgeführte Opernpläne

## WERKE OHNE OPUSZAHL, BEARBEITUNGEN

1. Un thème et variations brillantes pour pianoforte
2. Drei Trios für Violine, Flöte und Klavier
3. Ouvertüre in C-Dur für Klavier
4. Jugendwerke aus dem „Manuskriptband"
   Ich hab' im Traum geweint, Lied, Klavier
   Die Armesünderblume, Lied, Klavier
   Aus dem Liebesfrühling, Lied, Klavier
   Viel Träume, Lied, Klavier
   Es ist der Frühling gekommen, Lied, Klavier
   Die Braut I / II, Lied, Klavier
   Walzer für Klavier in D-Dur
   Ich will ja nichts, Lied, Klavier

Tantum ergo, gem. Chor, a cappella
Aus den Frühlingsmelodien, Lied, Klavier
Nur eine Thräne gebt mir wieder, Lied, Klavier
Ich weinte um den Frühling, Lied, Klavier
Aus dem „Spanischen Liederbuche", Lied, Klavier
Lebe wohl, Lied, Klavier
Mir träumte von einem Königskind, Lied, Klavier
Dämmerstunde, Lied, Klavier
Noch einmal möchte ich sinken, Lied, Klavier
Dornröschen, Walzer, Klavier
Verlassen („Röslein roth …"), Lied, Klavier
Verlassen („Knabe, dir gefiel die duft'ge Rose"), Lied, Klavier
Dort mag jetzt Maifest sein, Lied, Klavier

5. Frauentaktik, Walzer, Klavier
6. Polonaise, e-Moll, Klavier zu 4 Händen
7. Frühlingslied, Lied, Klavier
8. Der schwere Abend, Lied, Klavier
9. Hymne, Männerchor, Orchester
10. Kyrie, gem. Chor, Orgel, Orchester
11. Zigeunerlied, Männerchor, Orchester
12. Der sterbende Christ an seine Seele, sechsstimmiger gem. Chor, Orchester
13. Lied von Teutoburg, Männerchor, Orchester
14. Szene aus „Himmel und Erde" (Byron), Sopran- und Tenorsolo, Orchester
15. Parcival, Opernentwurf
16. Ouvertüre zur Kantate „Christnacht", Orchester
17. Einzugsmarsch zu „Danton und Robespierre" (Hamerling), Orchester
    Ouvertüre in C-Dur (?)
18. Streichquartett a-Moll
19. Klavierquintett g-Moll
20. Streichquintett
21. Festkantate zum 70. Geburtstag von Anastasius Grün, Soli, gem. Chor, Orchester
22. Serbische Lieder
23. Nachtmusikanten, Männerchor, Orchester

24. Sinfonie in F-Dur
25. Trutzliedchen, Lied, Klavier
26. Jugendliebe, Walzer, Orchester
27. Die Augen spotten mein, Lied, Klavier
28. Sommernacht, Männerchor, Klavier
29. Alt-Wien, Walzer, Orchester
30. Anno dazumal, Chor-Couplet, Männerchor, Orchester
31. Bilderbuch, Szenen aus dem Kinderleben, Männerchor, Orch.
32. Trauungsgesang zu Dr. Krückl's Vermählung, Männerchor, a cappella
33. Hymne zur Enthüllung des Kaiserin Elisabeth-Denkmals im Volksgarten, Männerchor
34. Waidmannsheil, Männerchor, a cappella
35. Der verrathene Freier, Männerchor, a cappella
36. Lied aus „Lirisches und Episches" (Betty Paoli) Lied, Klavier
37. Plan eines geistlichen Chorwerkes
38. Ach, ein Ritter, Mutter, Lied, Klavier
39. Kriegslied der Deutschen, Männerchor, Blasorchester
40. Krönungsmarsch (Meyerbeer, Der Prophet). Bearb. f. Flöte, Klavier
41. Das Lied vom Herrn von Falkenstein (Brahms). Bearb. f. Männerchor und Orchester
42. Der Pilgrim (Schubert). Bearb. f. Männerchor
43. Deutsche Tänze (Schubert). Bearb. f. Männerchor, Orchester/Klavier
44. Walzer (Robert Fuchs). Bearb. f. Orchester
45. Grenzen der Menschheit (Schubert). Bearb. f. Männerchor , Orchester
46. Die nächtliche Heerschar (Loewe). Bearb. f. Männerchor, Orchester
47. Drei Kanons (Mozart). Bearb. f. Männerchor
48. Meeresstille (Schubert). Bearb. f. Männerchor, a cappella
49. Baryton-Trios (Haydn). Bearb. f. Violine, Viola, Violoncello
50. Der 23. Psalm (Schubert). Bearb. f. Männerchor, Orchester
51. Todessehnen (Brahms). Bearb. f. Männerchor, Orchester
52. Gib' dich zufrieden (Bach). Bearb. f. Männerchor, (?)

## SCHRIFTEN

1. Volkslieder aus Steiermark mit Melodie (gemeinsam mit Peter Rosegger), Pest, 1872
2. Im Foyer, Essays über das Opernrepertoire der Gegenwart, Leipzig, 1901
3. Musikalische Skizzen, Kritiken, Leipzig, 1901
4. Franz Schubert, Biographie, Berlin, 1902
5. Musikbuch aus Österreich, Redaktion der Jahrgänge 1904–1906, Wien und Leipzig
6. Anleitung zum Modulieren, Wien, 1910
7. Theorie des Kontrapunktes und der Fuge von L. Cherubini, neu bearbeitet, Leipzig, 1911
8. Erinnerungen an Johannes Brahms (Tagebuch-Manuskript), hg. v. Kurt Hofmann, Tutzing, 1971

# Bildnachweis

*Titelfoto Schutzumschlag:*
Szenenfoto aus der Volksoperninszenierung der Operette „Der Opernball" aus dem Jahre 1952, Bildarchiv der Öst. Nat. Bibl., Nr. 269.606 Dorothea Siebert (*1921), Elfie Mayerhofer (*1923) und Esther Réthy (*1912) im 2. Akt

*Seite 2:*
Richard Heuberger, signiert F. Haschka. Foto aus dem Archiv des Wiener Männergesang-Vereins

*Seite 6:*
Richard Heuberger, ohne Angabe von Datum und Fotografen (im Besitz der Familie)

*Seite 10:*
Geschäftsanzeige von Josef Heuberger, dem Vater des Komponisten, „Grazer Tagespost" vom 28. 10. 1882

*Seite 11:*
Josef Heuberger, der Vater des Komponisten, mit den Söhnen Richard (links) und Ludwig (rechts), aufgenommen im Herbst 1856 im Fotoatelier G. Sanonner, Graz (im Original handkoloriert, im Besitz der Familie)

*Seite 15:*
Tagebucheintragung Heubergers vom 28. August 1865 (Tagebuch-Autograph im Besitz der Familie Heuberger):
„Mathematisirt, komponirt (Anfang vom D-Moll-Trio). Nachmittag auf den Buchenkogel gegangen, wo es trotz des Nebels in der Ferne, wunderbar schön war. Nachher zurück ins Brünnl gegangen, wo wir Herrn Professor Passini trafen und jausneten. Abends nach Hause gefahren."

*Seite 16:*
"Ich hab' im Traum geweinet", Lied für Singstimme und Klavier, Text von Heinrich Heine, aus dem Sammelband der frühen Kompositionen Heubergers, laut Vermerk des Komponisten am 2. 9. 1867 (mit 17 Jahren!) komponiert. Autograph im Besitz der Familie. Vermerk am Rande in Heubergers Handschrift: "Gesungen im Konzert des Frl. Harfield 1869 im Winter."

*Seite 24:*
Ankündigung der Geburtstagsfeierlichkeiten für den Dichter Anastasius Grün. "Grazer Tagespost" (wahrscheinlich vom 29. 3. 1876)

*Seite 29:*
Brief Heubergers an W. Kienzl vom 28. 1. 1876. Handschriftensammlung der Wiener Stadt- und Landesbibliothek, I.N. 179.885, Seite 1 gezeichnetes Auge: Symbol für Gusti Auge, daneben ein verändertes Zitat eines Schumann-Liedes: "Sie, die … (Herrlichste von allen …). Bei Schumann heißt es natürlich "Er, der …" (Frauenliebe und Leben, op. 42/ Nr. 2) … sagte mir dass Du ihr von mir geschrieben habest …

*Seite 33 oben:*
Richard Heubergers zweite Frau Johanna, geb. Herr, mit Sohn Richard, zweite Hälfte der 1880er Jahre (im Besitz der Familie)

*Seite 33 unten:*
Die Kinder des Komponisten, von links nach rechts: Felix, Gretl und Richard, wohl zwischen 1910 und 1914 (im Besitz der Familie)

*Seite 40/41:*
Die ersten beiden Seiten von Heubergers handschriftlichem Kompositions-Verzeichnis, das er seit August 1875 führte. (im Besitz der Familie)

*Seite 44:*
Titelseite von Heubergers op. 6 (1878) aus dem Nachlass von Wilhelm Kienzl, erschienen bei Buchholz & Diebel, Wien u. Troppau (Wiener St. u. Ld.-Bibl./ Musiksammlung)

*Seite 45:*

Anfänge der beiden ersten Nummern aus Heubergers op. 6 „Liebesspiel in Walzerform" für Soli, gemischten Chor und Klavierbegleitung (Wiener St. u. Ld.-Bibl./Musiksammlung)

*Seite 48:*

Erste Zeilen vom Thema und erster Variation aus Heubergers op. 11 „Variationen über ein Thema von Schubert" (1879) (Wiener St. u. Ld.-Bibl./Musiksammlung)

*Seite 50:*

Variation Nr. 3 (die ersten Zeilen der Partitur) aus Heubergers „Schubert-Variationen" op. 11

*Seite 65:*

Erste Partiturseite von Heubergers op. 7 „Nachtmusik" für Streichorchester, erschienen bei Kistner, Leipzig 1878

*Seite 68:*

Titelseite von Heubergers op. 22 „Drei Duette für Sopran und Tenor" aus dem Nachlass von W. Kienzl, erschienen bei C. F. Kahnt, Leipzig 1885 (Wiener St. u. Ld.-Bibl./Musiksammlung)

*Seite 81:*

Titelseite der „Schubert-Biographie" von R. Heuberger, in Reimanns Sammlung „Berühmte Musiker", „Harmonie"-Verlags-Gesellschaft für Literatur und Kunst, Berlin 1902

*Seite 89 oben:*

Titelseite (im Original querformatig) des Particells zu Heubergers Oper „Das Maifest". Autograph im Besitz der Familie (1891)

*Seite 89 unten:*

„Brautchor". Beginn des 2. Aktes von Heubergers Oper „Das Maifest". Particell-Autograph (verkleinert) im Besitz der Familie

*Bildnachweis*

*Seite 101:*
Titelseite des „Neuigkeits-Welt-Blattes", Illustrierte Nebenausgabe vom 11. 1. 1898 mit einer Karikatur zu Heubergers Ballett „Struwwelpeter", das am 8. 1. 1898 in der Wiener Hofoper Premiere hatte.

*Seite 116:*
Schriftliche Mitteilung des Komponisten Alexander von Zemlinsky an Richard Heuberger auf einer in ein Kouvert gesteckten Visitenkarte (vergrößert, Vorder- und Rückseite übereinandergestellt) anlässlich der Premiere von Zemlinskys Oper „Es war einmal" in der Wiener Hofoper, Poststempel vom 25. 1. 1900.

„Sehr geehrter Herr Heuberger, besten Dank für Ihre freundliche Besprechung meiner Oper. Ich bin überzeugt, dass mir dieselbe sehr genützt hat. Mir thut es leid, dass Sie so bald das Feuilleton schreiben müssen: später hätte Ihnen die Musik von der ich noch immer was halte: im 2. Akt und Schluss des 3. Aktes sicher auch besser gefallen. – Nochmals Dank egbst. Alexander v. Zemlinsky"

*Seite 122:*
Aus dem Partitur-Autograph von Heubergers Operette „Der Opernball": Nr. 8, Duett, Beginn der berühmten Melodie „Geh'n wir ins Chambre séparée" (Besitz der Familie)

*Seite 125:*
Theaterzettel des k. k. Theaters an der Wien vom Mittwoch, 5. 1. 1898: Erstaufführung von Heubergers Operette „Der Opernball" (Bildarchiv der Österr. Nationalbibliothek, NB 604517)

*Seite 130 oben + unten:*
Fotos von der Staatsopernaufführung der Operette „Der Opernball" von Richard Heuberger vom 24. 1. 1931. Inszenierung: Dr. Lothar Wallerstein, Dirigent: Dir. Clemens Krauss
Foto a) Leo Slezak (†1946) und Annie Rosar (†1963) als Ehepaar Beaubuisson, Österr. Nationalbibliothek, Bildarchiv Nr. 267.776

*199*

Foto b) Lotte Lehmann (Angèle), Margit Schenker-Angerer (Hortense), Wanda Achsel (Marguérite) Österr. Nationalbibliothek, Bildarchiv Nr. 406.691

*Seite 134:*
Theaterzettel des k. k. Theaters an der Wien vom Samstag, 28. 1.1899: Erstaufführung von Heubergers Operette „Ihre Excellenz"

*Seite 135:*
Brief Richard Heubergers an Johann Strauss Sohn vom 31. 1. 1899 (Wiener St. u. Ld.-Bibl./Handschriftenabteilung, I.N. 118742)

Verehrter Meister!
Schon gelegentlich meines „Opernball" hatte ich den Gedanken gefasst, Ihnen, verehrter Meister durch die Widmung des Werkes eine Huldigung zu bereiten die freilich mir mehr Freude gemacht hätte , als Ihnen. Wie Sie wissen, war der Erfolg anfangs aber zu schwankend, und ich getraute mich nicht, Ihnen mit einem etwa noch fraglich beurtheilten Werke nahe zu kommen.
Gestatten Sie mir nun, da der gute Eindruck den meine neue Operette machte ziemlich fest steht, das Versäumte nachzuholen und mir zu erlauben, dass „Ihre Excellenz" mit einer Widmung an Sie erscheint.
Diese öffentliche Kundgebung meiner Verehrung für Sie dürfte Sie, da es sich um ein – wie alle Welt behauptet – gelungenes Werk handelt nicht gerade compromitiren, mir aber wenigstens die Anerkennung eintragen, dass ich an einem der genialsten Musiker unserer Zeit nicht ohne verehrungsvollen Gruß vorbeigegangen bin.
Ich bitte Sie, die Sache vorderhand ja nicht zu verlautbaren u. möglichst geheim zu halten. Man ist gewöhnt, hier hinter Allem etwas Hässliches zu entdecken und das möchte ich in diesem Falle unbedingt nicht erleben.
Vielleicht sind Sie so liebenswürdig, mir gelegentlich ein paar Worte zukommen zu lassen, die mir Ihre Zustimmung oder – was mich sehr betrüben würde – Ihre Ablehnung zur Kenntnis bringen.
Verehrungsvollst Ihr
Richard Heuberger

*Bildnachweis*

*Seite 136 / 137:*
Brief von Johann Strauss Sohn an Richard Heuberger vom 15. 4. 1899
Hochverehrter Herr Collega!
Danke herzlichst für liebenswürdige Zusendung Ihrer excellenten Operette. Ich bin stolz darauf das mir zugedachte Kind Ihrer Muse mein nennen zu können, noch lieber wäre es mir aber, wenn dasselbe meinem eigenen Fleisch und Blut sein Leben zu verdanken hätte. Mein Schwiegersohn (der Pianist Richard Epstein) hat uns gestern einen sehr vergnügten Abend verschafft indem er den ganzen Klavierauszug einem entzückten Auditorium zu Gehör brachte. Empfangen Sie meine herzliche Gratulation und die Versicherung meiner ausgezeichneten Hochschätzung,
Ihr ergebenster Johann Strauss

*Seite 141:*
Theaterzettel des k. k. Theaters an der Wien vom 20. 1. 1900
Erstaufführung von Heubergers Operette „Der Sechs-Uhr-Zug"

*Seite 143:*
Theaterzettel des Carl-Theaters vom 22. 10. 1902
Aufführung von Heubergers Operette „Das Baby" (Erstaufführung war am 3. 10. 1902 am Carl-Theater unter A. v. Zemlinsky)

*Seite 146:*
Tagebucheintragung R. Heubergers vom 20. 1. 1902
Wieder ein Unglück!
Musste die Operette „Baby" für diese Saison zurückziehen. – Schlechte Besetzung! Alle Theaterleute nur halb bei der Sache! Für 8. März haben Léon und Stein die Palmay für ihr Stück zu gewinnen gewusst! Für mich war Sie nicht zu haben! (Zusatz mit Bleistift:) Leon arbeitet auf's Schärfste gegen mich!

*Seite 148:*
Ankündigung des Volks – Konzertes des Wiener Männergesang-Vereins am 2. 2. 1906 im Großen Musikvereinssaal
(Aus dem Archiv des Wiener Männergesang-Vereines)

*Bildnachweis*

*Seite 150:*
Die Leitung des Vereines 1907, Foto auf Karton, 49 x 62 von W. Weis, Hofphotograph, Wien 3., Hauptstr. 67
hinten: Engelhart, Fuchs, Dvoracz, Richard, Stangelberger, Trauenhayn, Dr. Krükl, Mellich, Dr. Köhler, Tasch, Kränzl
vorne: Nisky, Bandian, Kremser, Schneiderhan, Heuberger, Schadek, Dr. Elschnig
(Aus dem Fotoarchiv des Wiener Männergesang-Vereines)

*Seite 153:*
Repertoire-Anmeldung vom 24. 2. 1904 für den Wiener Männergesang-Verein von Chormeister Richard Heuberger. Er versucht mit hochwertiger Männerchorliteratur (hier zum Beispiel mit Chören von Max Reger) der „Liedertafelei" entgegenzuwirken.
(Aus dem Archiv des Wiener Männergesang-Vereines)

*Seite 156 oben:*
Kremser, Schneiderhan und Heuberger auf dem Schiff (Amerikareise1907) Bildarchiv Nr. 65
(Aus dem Fotoarchiv des Wiener Männergesang-Vereines)

*Seite 156 unten:*
Ankündigung eines Konzertes des Wiener Männergesang-Vereins in Buffalo, USA am 13. 5. 1907 (Amerikareise)
(Aus dem Archiv des Wiener Männergesang-Vereines)

*Seite 157 oben:*
Thüringen-Reise, 26.–30. Juni 1909
Bild mit Passepartout, 30 x 25, Die Leitung des Wiener Männergesang-Vereines im Hofe der Wartburg in Eisenach
(Aus dem Fotoarchiv des Wiener Männergesang-Vereines)

*Seite 157 unten:*
Der Verein vor den Pyramiden von Gizeh, 25. 3. 1905, Archiv des Wiener Männergesang-Vereins , Foto auf Karton, 42 x 36 (Aus dem Fotoarchiv des Wiener Männergesang-Vereines)

*Seite 158:*
Reise nach Kairo und Alexandria, 1905, Archiv des Wiener Männergesang-Vereins, 24 x 31, Ausschnittvergrößerung, Die Vereinsleitung auf Eselsrücken
(Aus dem Fotoarchiv des Wiener Männergesang-Vereines)

*Seite 169:*
Titelblatt des Klavierauszuges der Operette „Don Quixote" von Richard Heuberger, erschienen im Musikalien-Verlag „Hölle" L. & S. Natzler, Wien, 1910

*Seite 173:*
Fotos vom Grab Richard Heubergers. Ortsfriedhof Hinterbrühl, Eichbergstraße, unterhalb des „Weißen Kreuzes". Ehrengrab Nr. 3, Friedhofsteil 1, auf dem Weg zur Kapelle. Naturstein mit Medaillon (Marmorblock aus einem Salzburger Steinbruch) Kopf im Profil, Inschrift: Richard Heuberger 1850–1914 der Wiener Männergesang-Verein, (Portraitmedaillon vom Bildhauer Tietze, Mitglied des Wiener Männergesang-Vereins)
(Alle Fotos vom Autor)

*Seite 176:*
Das Arbeitszimmer des Komponisten in der Hegelgasse 17, Postkarte, Foto L. Grillich, Nr. 3731 (im Besitz der Familie)

# Namenregister

Adler, Dr. Viktor 25, 90
Adorno, Theodor 117
Alarcons, Don Pedro de 87
Auerbach, Berthold 91
Auersperg, Graf Anton Alexander von 23
Auge, Auguste 28, 29 ff.

Bach, Johann Sebastian 72 f.
Bacher, Dr. Julius 73, 75
Batka, Johann 60
Beethoven, Ludwig van 12, 14, 58, 64, 75 ff.
Berlioz, Hector 68
Billroth, Theodor 52
Blasel, Karl 126
Bodanzky, Arthur 144
Bodanzky, Robert 168
Bonaparte, Napoleon 9
Bopp, Wilhelm 166, 170
Bösendorfer, Ludwig 75
Brahms, Johannes 7 f., 14, 22, 32, 43, 49, 51 ff., 55 ff., 66 f., 70, 72, 79 f., 85, 90, 111 f., 163, 170, 172, 174 f.
Breton, Thomas 78
Bruckner, Anton 58 f., 71, 80, 138, 149
Brüll, Ignaz 53, 72, 88
Buchholz & Diebel 38, 42
Busoni, Ferruccio 12
Byron, Lord 20, 64

Cornelius, Peter 78

Dessoff, Otto 85
Dettelbach, Rosa 19

Deutsch, Otto Erich 80
Dirkens, Annie 126 f.
Dvořák, Antonín 64, 72, 78, 91

Ehrbar, Friedrich 53
Epstein, Julius 90
Eysler, Edmund 115

Fall, Leo 92, 115
Farkas, Karl 168
Frank, Ernst 86
Friedmann, Robert 170
Fromme, Carl 80
Fuchs, Johann Nepomuk 86
Fuchs, Robert 23, 27, 38, 53, 63, 66, 164, 170

Ganghofer, Ludwig 87
Gänsbacher, Josef 53
Geibel, Emanuel 47
Genée, Richard 86
Glawari, Hanna 94
Goethe, Johann Wolfgang von 20, 82
Goldmark, Carl 14, 59, 78 f.
Grädener, Hermann 63, 164, 170
Grün, Anastasius 13, 19, 23, 38
Grünbaum, Fritz 167 f.
Günther, Mizzi 94

Hamerling, Robert 20
Hämmerle, Theodor 160
Hammerschlag, Paul 160
Hanslick, Eduard 43, 53, 55 f., 66, 69, 70 ff., 75, 102, 123
Hardt-Warden, Bruno 140
Hasselbeck-Sucher, Rosa 25

*Namenregister*

Heckenast, Gustav 21, 80
Heine, Heinrich 16
Hellmesberger, Joseph sen. 162
Helm, Dr. Theodor 66
Hernried, Robert 8, 15, 24, 51, 58, 69, 88, 94, 99, 108, 159, 164 f., 172, 174
Herr, Dr. Josef 32
Herr, Johanna 32
Herr, Louise 34
Heuberger, Felix 34
Heuberger, Hans 34
Heuberger, Helmut 108 f.
Heuberger, Josef 9, 11
Heuberger, Josef Sen. 9
Heuberger, Karoline 10
Heuberger, Leopold 11
Heuberger, Louise 26
Heuberger, Ludwig 10, 12, 14
Heuberger, Richard 7 ff., 14, 16 ff., 23, 25 f., 29, 31 f., 34, 38 f., 42, 47, 49, 51 f., 55, 57, 62, 64, 66, 69 ff., 75 ff., 80, 83 ff., 87, 90 ff., 95 f., 99, 103, 106, 110, 112, 114 f., 117, 131, 138, 141, 147, 149, 153 f., 158, 160, 170, 172, 174
Heuberger, Wolfgang 34
Heyse, Paul 47, 85
Hilmar, Ernst 115
Hirschfeld, Viktor s. Léon, Victor
Hoernes, Grete 170
Hoernes-Schrom, Grete von 10, 31, 34
Hofmann, Kurt 7 f., 51
Hofmannsthal, Hugo von 107, 109 f.
Hohenlohe, Fürstin 60
Humperdinck, Engelbert 79
Huygens, Pater Caecilianus 164, 169, 172

Jahn, Wilhelm 86 f., 100
Jauner, Franz 111
Jensen, Gustav 82
Joachim, Joseph 161
Josephi, Josef 126

Kalbeck, Max 53, 112 f., 124
Kanitz, Ernst 170
Karczag, Wilhelm 126
Keldorfer, Viktor 172
Keller, Otto 105, 111
Kienzl, Dr. Wilhelm 12, 22, 29, 35 ff., 46, 63, 66, 87, 129
Kilpinen, Urjö 170
Kisslinger, Maria 27, 29
Komzak, Carl 163
Korngold, Dr. Julius 73 f., 174
Kosch, Dr. Hugo 118
Kosjek, Dr. Julius 19
Kosjek, Rosa 18, 21, 26, 28, 30, 63
Kraus, Karl 112, 117
Krauss, Clemens 169
Kreisler, Fritz 108, 110
Kremser, Eduard 147, 154, 156, 159, 174
Krenek, Ernst 117

Lachner, Franz 42
Laube, Heinrich 111
Lehár, Franz 94 f.
Léon, Victor 70, 91, 94 ff., 110, 124, 126, 131, 140, 145
Leoncavallo, Ruggiero 78
Lert, Richard 169
Lessing, Gotthold Ephraim 19, 88
Levi, Hermann 85
Liszt, Franz 42, 60 f., 62, 84
Lochner, Louis P. 107
Löwe, Ferdinand 160
Lueger, Dr. Karl 90

*Namenregister*

Mahler, Gustav 75 ff., 86, 90, 97, 100, 144
Mandyczewski, Eusebius 55, 90, 170
Maroicic, Freiherr von 17
Marx, Friedrich 23
Marx, Joseph 170
Mascagni, Pietro 79, 100, 133
Massenet, Jules 78 f.
Mauer, Hans 174
Mayer, Dr. Wilhelm 12, 22, 35
Meilhac, Henri 140
Mendelssohn, Felix 80
Mensi, Baron Alfred 70
Metternich, Clemens Wenzel Lothar Fürst 23
Meyerbeer, Giacomo 13
Miller zu Aichholz, Victor 56, 90
Moniuszko, Stanislaw 78
Möser, Angelika 39
Mottl, Felix 98, 161
Mozart, Amadeus Wolfgang 79, 84, 151, 162
Müller, Adolf 70, 114 f., 140, 144, 160
Müller, Leopold 167

Natzler, Leopold 168
Natzler, Siegmund 168
Nessler, Viktor E. 39, 79
Nestroy, Johann Nepomuk 13
Nick, Edmund 102
Nikisch, Arthur 85 f., 98

Offenbach, Jacques 168

Palffy, Fürstin 61
Palmay, Ilka 127, 133, 144
Passini, Johann 13
Paumgartner, Dr. Hans 66
Perger, Richard von 164, 166

Petter, Barbara 10
Platen, August Graf von 20
Pohl, Carl Ferdinand 53
Puccini, Giacomo 96, 133

Rauhe, Hermann 119 f.
Reger, Max 59, 152, 159
Reichert, Heinz 167
Reimann, Heinrich 80
Remy, W. A. (= Dr. Wilhelm Mayer) 12, 35
Renan, Ernest 96
Reznicek, Emil Nikolaus von 12
Richter, Friedrich 10
Richter, Hans 47, 53, 63 f., 66, 87 f., 98
Robitschek, Adolf 151
Roosevelt, Theodor 154, 158
Rosegger, Peter 17, 21, 80
Rösler, Walter 168
Rossi, Gräfin 60
Rubinstein, Anton 14, 78 f.
Rückert, Friedrich 20, 61, 66

Sailler, Franz 14
Schiffmann, Edgar 170
Schneiderhan, Franz 149, 151, 156
Schnitzler, Arthur 167
Schönberg, Arnold 113 f., 170
Schönberg, Otilie 113
Schönerer, Alexandrine von 126 f.
Schreker, Franz 170
Schrom, Milos von 172
Schubert, Andreas 12
Schubert, Franz 12, 32, 47 f., 63, 67, 80, 100, 149, 151, 174
Schuch, Ernst von 63, 93, 99
Schuh, Kurt 149
Schumann, Clara 14
Schumann, Robert 14, 16, 27, 174

*Namenregister*

Seemann, Hermann 78
Sevcik, Otokar 160 f.
Shakespeare, William 88
Sibelius, Jan 60
Simons, Rainer 145
Smetana, Friedrich 64, 78 f., 91
Sonntag, Henriette 60
Stägemann, Max 85
Staniek, Dr. Heinrich 51 f.
Stein, Leo 70, 94 f., 140, 145
Stöhr, Richard 170
Strauß, Johann Sohn 7, 54, 56, 70, 78, 103, 111, 126, 134, 138 ff., 167, 175
Strauss, Richard 42, 59, 83, 92, 96, 100, 104, 123
Stuckenschmidt, Hans Heinz 113
Sucher, Josef 24
Swoboda, Dr. Adalbert Viktor 21, 70
Szeps, Moritz 69

Treidler, Hanns 43
Treumann, Louis 94 f.
Truxa, Celestine 57
Tschaikowsky, Peter I. 100

Verdi, Giuseppe 104
Vogel, Bernhard 86

Wagner, Richard 14, 17, 22, 54, 57 ff., 76, 78, 96, 104, 121, 163
Wagner, Siegfried 79
Waldberg, Heinrich Freiherr von 106, 110, 124, 126, 131, 142
Wallner, Carl 126
Webern, Anton von 115
Wegschaider, Leopold 23
Weinberger, Josef 167
Weinberger, Karl 171
Weingartner, Felix 12, 59
Werner, Fritz 144
Widmann, Josef Viktor 87
Wittmann, Hugo 98
Wolf, Hugo 87, 107, 110
Wolff, Julius 39, 42
Würzl, Eberhard 139

Zanwiska, Gycziska 60
Zemlinsky, Alexander von 60, 79, 93, 103, 112 ff., 144
Ziegler, Hans 22
Zindler, Rudolf 140